約書亞・塔克（Josiah Tucker, 1713-1799）

Turgot's Successor (who was my Correspondent till almost ye Hour of his Death) I have a parti-
=cular Reason for prefixing my Name to the Performance.

You & I are both equally sorry, that my last Work has put to Silence ye Ignora[nce] of foolish Men so very soon. — I really thought, that ~~that~~ they wd. not have fled from the Field of Battle so very shamefully withou[t] once making a Stand. One Ibbetson, a Barister, has just appeared in a Postscript: But what He says is so little to ye Purpose, had every Word of it been true, wch it is not, that I cannot persuade Myself to consider him as an Adversary, who deserves any Notice.

I have ye Honour to be, Sir

Your humble Servant

Mr. CADELL -
BOOKSELLER -
STRAND - LONDON -

Josiah Tucker

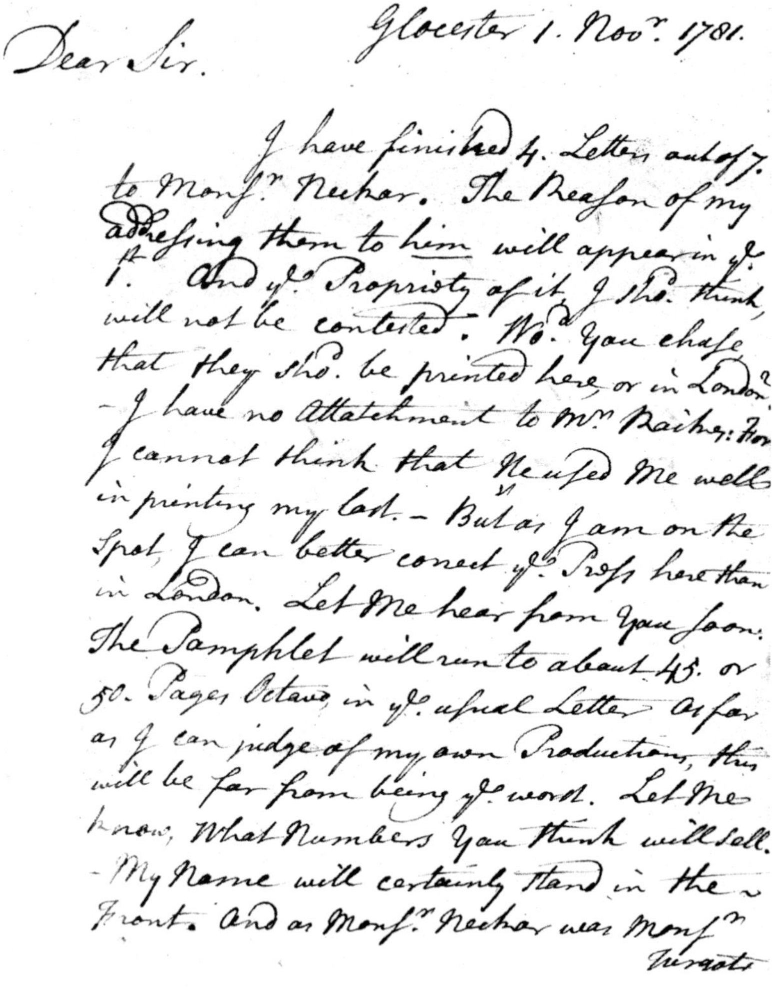

Glocester 1. Novr. 1781.

Dear Sir.

I have finished 4. Letters out of 7. to Monsr. Necker. The Reason of my addressing them to him will appear in ye 1. And ye Propriety of it I shod. think will not be contested. Wod. You chuse that they shod. be printed here, or in London? — I have no Attachment to Mr. Raikes: For I cannot think that He used Me well in printing my last. — But as I am on the Spot, I can better correct ye Press here than in London. Let Me hear from You soon. The Pamphlet will run to about 45. or 50. Pages Octavo, in ye usual Letter. As far as I can judge of my own Productions, this will be far from being ye worst. Let Me know, What Numbers You think will sell. — My Name will certainly stand in the Front. And as Monsr. Necker was Monsr.

Turgot's

塔克寫給出版商卡德爾（Cadell）的親筆信。

塔克在信中討論如何將他寫給內克（Jacques Necker，當時法國的財政部長）的幾封公開信以小冊子出版。

※這些公開信後來以《對誰有利？》（*Cui Bono?*）為名，集結出版成書。

陳建元——著
Chien-Yuen Chen

基督宗教、自由貿易與美國獨立

從——塔克思想——看——英格蘭啟蒙

目次

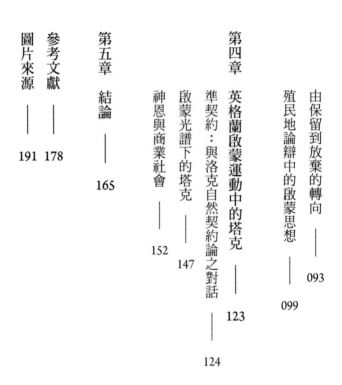

第一章　導論

變動的時代，待建立的新秩序

自十六世紀中葉至十七世紀中葉，英格蘭人口有著顯著的翻倍成長，儘管十七世紀下半葉因不列顛內戰（一六三九至一六五一年）而造成三十年左右的短期人口緩降[1]，但光榮革命（一六八八年）後又恢復了增長，至十八世紀中葉不斷加速，並成為常態。這樣的人口增幅仰仗於日益繁榮的經濟。雖然當時人們的生活仍深受自然環境與資源的支配，且舊有的地方主義與反商思想仍具一定力量，然而十七世紀中後期的英格蘭社會已經逐漸脫離「傳統」或是所謂的「前工業」時代，農業不再是主要的謀生出路，手工業與國際貿易逐漸發展，新的財富來源正在形成，消費與奢侈品的風行甚至大大衝擊了既有的秩序和道德觀。人們不免痛苦地意識到：過去整齊穩固的階級與行業分類，已越來越不能滿足現實需求，舊的階級社會勢必被迫轉型。

而在社會上作為民眾重要心靈支柱的宗教力量，此時也剛經歷一場前所未有的大變局。一五三四年，亨利八世為了離婚而決定與羅馬教會決裂，正式另立英格蘭國教會（The Church of England）[2]，並透過《至高權法案》（*Act of Supremacy*）取得英格蘭教會最高領袖的地位，英格蘭的君主從此一人身兼宗教與政治雙重領袖，權力大為集中。之後於一六六一年通過的《檢覈法》（*Test Act*）和一六七三年通過的《地方公職法》（*Corporation Act*）更進一步規定公職人員及牛津和劍橋大學的師生必須到國教會領取聖餐（Holy Communion），因此部分想擔任公職的不服從國教會的新教徒儘管繼續參加所屬教派的聚會，也會因現實考量前往國教會參加聖餐禮。另一方面，英格蘭國教會的神職人員也是各地方的核心領袖，許多地方行政管理，包括道路維修和濟貧措施都仰賴國教會運作。凡此種種制度使得民眾的生活無法自外於英格蘭國教會，教會組織具有巨大的社會影響力，超過百分之九十的人口是其名義上的成員——無論他們是否真心支持政權。

在政治上，此時的英格蘭也處於歷史的轉捩點。一六八八年的光榮革命確立了新的政教體制（the Revolution settlement），其中一六八九年《權利法案》的通過確立了「國會至上」的原則，並且大幅提升國會的權力，奠定了英格蘭君主立憲的基礎。這時的英格蘭正面臨「九年戰爭」（一六八八至一六九七年），開始在歐洲大陸部署規模空前龐大的軍隊，日益強化軍備；到了「西班牙王位戰爭」（一七〇一至一七一四年）結束時的大不列顛，戰力已領先其在歐陸的盟國。據學者研究，這段期間不列顛軍力大幅躍進與其一六九〇年代的「金融革命」關係密切——一六九四年，英格蘭銀行成立並貸款給政府發行國債，政府則以稅收支付貸款利息；此時的民間也樂於投資國家支持的私人企業，活絡了股票市場；再加上彩票和年金的設計，成功地為國庫吸納了私人資本。這些創新的財政措施仰賴於全新的公共信貸概念，支撐著國家的籌資能力，不列顛得以籌集戰爭所需的龐大軍費，並藉由對外戰爭的勝利提升了國際地位，告別內亂不斷的動盪時代。

隨後的安妮女王為了確保由新教君主繼承王權，於一七〇七年簽署《聯合法令》（*Act of Union*），自此英格蘭與蘇格蘭統一，形成名為「大不列顛」的民族國家（nation-state）。一七五六至一七六三年間，烽火又起，戰事同時在歐洲、印度次大陸、北美洲、加勒比海、非洲沿海等地引爆，不列顛在這場「七年戰爭」中戰勝法國，取得北美洲的新法蘭西（原屬法國）和佛羅里達州（原屬西班牙）。經此一戰，法國不僅基本上放棄了北美洲殖民地，在印度次大陸的戰場也敗給大不列顛。大不列顛以一偏遠的島國華麗轉身，一躍成為世界上最有力的殖民國家，踏上帝國版圖擴張的道路。

1797年，位於倫敦針線街（Threadneedle Street）上的英格蘭銀行。針線街以英格蘭銀行的所在地而著稱，英格蘭銀行自1734年起就設於此處，亦被稱為「針線街的老小姐」（The Old Lady of Threadneedle Street）。

以上是關於十六到十八世紀大不列顛在政治、經濟、宗教面的速寫。至於思想上，到了十八世紀的大不列顛自不能免於歐洲啟蒙運動的大潮流，目前學界多以「蘇格蘭啟蒙」（The Scottish Enlightenment）和「英格蘭啟蒙」（The English Enlightenment）分論之，本書所關注的面向為英格蘭啟蒙，對此，學者見解或有異同，以下概要介紹。

啓蒙運動中的「英格蘭啓蒙」

「啟蒙運動」直到一九八〇年代前，長期都被視為是由法國哲士（Philosophe）如伏爾泰與盧梭等人所帶領的一股倡導理性、反對宗教權威的思想潮流。其中尤以保羅・亞哲爾（Paul Hazard, 1878-1944）的說法為代表，他認為啟蒙運動的目標便是「將基督教送上審判台」，把對於生命的宗教性詮釋徹底消滅。「在啟蒙運動中，上帝的存在、神蹟的歷史根據都受到質疑。上帝退居幕後不再是世界運行的主宰，人類成為一個獨立的個體，所有事物都以人作為衡量標準。他就是自己存在的理由。」[3]

研究啟蒙運動的重要學者彼得・蓋伊（Peter Gay, 1923-2015）則認為，啟蒙運動是發生在光榮革命和法國大革命之間的一場思想文化運動，是由一群從愛丁堡到那不勒斯、從巴黎到柏林、從波士頓到費城的文化批評家、宗教懷疑論者和政治改革家所組成的非正式聯盟。雖然組織鬆散，但學者大致同意這些啟蒙知識份子多半具有下列特質：他們敵視基督教且渴求現代性、支持人道主義與世界主義、反對酷刑和其他不人道的做法、思索人性和人類社會的性質、寬容不同宗教和立場的人，堅持基本的信仰、言論和書面交流自由等等；若更簡單地定義啟蒙運動，則可說是「進步」——無論是在宗教、文化、藝術領域抑或是世俗面上，這都是啟蒙菁英共同的追求。啟蒙運動是「古典主義」、「反宗教」以及「科學」等三要素結合在一起的一場思潮運動，蓋伊稱之為「現代異教精神」（modern paganism）。[4]有學者宣稱受到十九世紀英格蘭史學傳統影響，二十世紀上半葉的人們多半將法國的啟蒙視為一個普遍性的傳統，並以此來看大不列顛歷史。故此時的作品通常帶有兩種假設：首先，啟蒙對於宗教信仰構成了相當挑戰，並在這個挑戰中樹立了世俗化以及現代性。其次，英格蘭並沒有發生啟蒙運動，啟蒙首先在法國出現，後來流傳至德意志地區。[5]而蓋伊雖注意到歐洲各地的啟蒙各有特色，但他仍主張各國具有一定程度的相似性，皆屬於同一個啟蒙大家庭。[6]

對於宗教與啟蒙的關係，學界見解各異。恩斯特・卡西勒（Ernst Cassirer, 1874-1945）主張「理性」是啟蒙運動中的構成力量，是啟蒙運動所追求的一切，也是其所完成的一切。[7]但是他並未忽視宗教與啟蒙的關係，並指出研究者不應該認為理性就是啟蒙運動的一切：

> 這個時代瀰漫著一種真正創造性的感情以及對於改革世界不可動搖的信念。同時人們也期望宗教能夠經歷這樣的改革。我們不應該受到此時明顯反宗教的言行所蒙蔽，以致忽略了在這個時代所有理智的問題都攸關宗教問題，且前者不斷從後者得到深刻的靈感。人們愈是發現以前宗教對知識與道德問題的不足之處，就愈會感到這些問題的迫切與重要。[8]

當代學者赫蓮娜・羅森布萊特（Helena Rosenblatt, 1961-）綜合梳理後則認為，當時的基督教啟蒙有幾個特性：一、他們努力將當時出現的新科學與其宗教思想相互調和，主張所有事情皆有「合理性」，包括宗教。而所謂合理的宗教，就是一個更簡明、寬容以及更實際的宗教。第二，他們看待人性較過去樂觀，並且對於改革與進步抱持支持的態度。第三點，也是最重要的，他們溫和地依循中道而行，積極吸收新知，在宗教上也更為虔誠；他們痛惡宗教狂熱（enthusiasm），但也同樣厭惡另一端的無神論者。[9]

至於「英格蘭啟蒙運動」，在一九六〇年代蓋伊的經典研究中先是被描繪成與基督教爭鋒相對的，蓋伊認為啟蒙思想本質上是世俗的、是異教的重生。不過經過更多細緻的研究，一九八〇年代後的學者已經不那麼容易將啟蒙運動視為完全敵視宗教。目前多數學者主張，所謂的啟蒙運動大致是一群思想家在新生的公共領域中，以科學方式追求理性、反對宗教教條主義，並對政治進行批判性和理性思考。一九九〇年代起，學界關於英格蘭啟蒙與宗教的研究，開始有了新發展。賈斯丁・錢匹恩（Justin Champion, 1960-2020）扭轉了過去對自由思想家（free thinkers）和自然神論者（deists）的看法，他認為他們之所以批評國教派，是希望促使其改革，而非如過去所言要推翻它。錢氏打破過去將理性與宗教分置於天平兩端的見解，並開始重視啟蒙運動中的「宗教」，他試圖闡明十七至十八世紀的英格蘭，鼓吹理性的人不必然反對宗教，他們反而認為兩者可以相互調適，人得以運用理性更深入地了解信仰。[10]

以法國作為啟蒙運動代表的觀點開始受到挑戰，陸續有學者倡議在研究啟蒙運動時，應更為注意地方與國家的脈絡，關於英格蘭啟蒙的研究也相應興起。亨利・梅（Henry May）對美國啟蒙的研究以及羅伊・波特（Roy Porter, 1946-2002）與波考克對英格蘭啟蒙的研究為首開修正意見之學者，目前中文學界對此已多有評介，以下將擇精要之處說明。[11]史家約翰・普藍（John H. Plumb, 1911-2001）於一九七〇年代初期便已注意到十八世紀英格蘭的特質：

> 研究者將過多精力投入在研究那些思想巨人上，花費太少精神研究這些思想實際上在社會上如何被接受。當思想成為社會上的普遍態度時會有全新的生命，這就是在英格蘭所發生的情況。[12]

波特在一九八一年主編了一本有別上述啟蒙運動的研究傳統，以民族國家為脈絡來研究啟蒙的論文集，並撰寫當中英格蘭的章節。波特主張像蓋伊那樣以法國為中心來研究啟蒙運動是有所不足的，必須要從各國的特定歷史脈絡切入，方能深入理解啟蒙運動，過去研究認為十八世紀英格蘭思想不夠深奧或是有系統，而將其排除在啟蒙運動外是錯誤的。波特指出，首先當法國哲士在推行啟蒙思想時，那些價值在英格蘭早已出現。其次，英格蘭啟蒙的特色是，追求把啟蒙理想真正地落實到現實之中，因此顯得似乎不夠深奧。此外，波特也指出啟蒙理想的落實，關鍵在於商業社會的興起，十八世紀英格蘭社會正是因商業興起，不僅階層流動性增加，總體生活水準亦隨之提升，有識之士開始推動照顧貧窮老弱的機構，此外也鼓勵平民接受教育。簡言之，英格蘭啟蒙的目標便是追求此世的快樂生活。這樣的想法乍看與基督教追求彼世永恆的終極目標有異，然而波特指出這兩者並不衝突，英格蘭的神職人員多能夠接受在人世享有比過去舒適的生活同樣是神恩的展現。[13]他們認為神意與現實利益齊頭並進，因為神意鼓勵人類追求自利，同時也會讓整體社會隨之進步。波氏指出，其實就算是在情況最激烈的法國，真正的無神論者也都只是哲士中的少數。再者，除了法國之外，其他許多地方的啟蒙運動，也都是與基督教信仰並行不悖。[14]因此，基督教與啟蒙運動之間的關係，還有非常多需要澄清與再深入之處。波特對兩者關係的論點十分具有啟發性，而從此延伸則可以與波考克所提出的「保守的啟蒙」（conservative Enlightenment）相互發明。[15]

波考克反對只存在一種啟蒙運動的說法，他認為啟蒙是複數的，在各時代、各地區存在著不同的啟蒙，此論點與波特之說有相近處。此外，英格蘭啟蒙帶有濃厚的新教色彩，尤其與英格蘭國教的特殊性相關。波考克認為：「啟蒙運動是宗教論戰的產物，而非對宗教的反叛。」[16]在英格蘭啟蒙運動研究中，學者一般將這些作法與想法的源頭上溯自艾薩克・牛頓（Isaac Newton, 1642-1727）和約翰・洛克（John

Locke, 1632-1704）等人。牛頓的影響力在於他推動了自然界受到可觀察的規律支配的信心，這在十八世紀被轉移到對社會種種層面與規律的研究中。雖然這不代表啟蒙思想家的方法可以簡稱為「牛頓式」，然而科學方法的理想仍是靈感的源泉，這也許在最後一位哲士孔多塞所提出的社會科學中最充分地體現出來。關於洛克，其重要貢獻之一是他在一六八九年的《人類理解論》（*An Essay Concerning Human Understanding*）中提出一套以感官經驗為主的認識論。他主張人的所有知識皆於後天形成，而不存在先驗存在。此後洛克的經驗主義在英格蘭極為風行，並受到知識份子的普遍支持。在英格蘭，這種經驗主義有助於培育出實用精神。此外，洛克一六九〇年的《關於寬容的信》（*A Letter Concerning Toleration*）常常被視為英格蘭早期啟蒙運動的經典文本。他指出教會的存在是為了讓人們集體敬拜上帝，政府的存在是為了確保人類社會得以維護。兩者無需衝突，真正的基督教不能給公民、政治領域帶來麻煩或干擾。此外，洛克明確表示，社會生活和自然哲學的原則可以在不提及特別是基督教概念的情況下進行歸納與省思。例如一六九〇年代以降英格蘭思想界自然神論的勃興以及對於三位一體說的批判持續不斷，多數學者認為當時的神學正統觀點正受到理性的考驗，且被發現有不符理性之處。也是在這樣辯論的過程中，開啟了一場獨特的教士啟蒙運動，這指的是英格蘭國教會人士在國教會的框架中，容納了理性主義與反教條精神。這些神學爭議與教會的自我調整也被學者視為是英格蘭啟蒙運動的重要特色。

大衛・索金於二〇〇八年的《宗教的啟蒙》（*The Religious Enlightenment*）一書，也是試圖研究十八世紀歐洲各地啟蒙運動的異同。索金承繼強納森・伊斯瑞爾（Jonathan I. Israel）的想法，即十八世紀歐洲存在著三種啟蒙思潮，索金認為這三者在當時社會是並存的，只是位在社會的不同位置上，他稱此為「啟蒙的光譜」（the Enlightenment spectrum），宗教啟蒙所處的位置，便屬於一種溫和的啟蒙。宗教啟蒙者希望運用新科學與哲學來復興與更加闡明他們的信仰，對不同信仰採取寬容、和平的態度。所謂的溫和啟蒙者，他們尋求極端之間的中道，要從自然神論者手中奪回對自然宗教（natural religion）的解釋權，但強調自然宗教也必須要仰賴啟示。神學真理或許高於理性，但不會與理性相斥。在政教關係上，他們反對教會應受國家掌控的伊拉斯主義（Erastianism），更反對如羅馬教廷的神權政治。他們接受某種程度的國家權威下的教會自主。索金並不認為溫和啟蒙必然會朝世俗化（secularism）發展，因為這種說法誤以為有某種具有主導性的宗教思想。他認為啟蒙運動「不僅與宗教信仰相合，同時有助其發展。」在此啟蒙運動中，人們不再主張《聖經》無所不能，因為他們明瞭「《聖經》不是全部知識的來源。他們也不期待《聖經》能夠成為科學或是政治的教科書。他們明白《聖經》的重要性在於得救以及闡明人神之間的關係。」

索金認為英格蘭的宗教啟蒙以溫和（moderation）作為主導思想，他們介於天主教與清教徒之間，深受洛克哲學以及牛頓主義科學的影響，他們沒有一套固定的教規教義，但都懷有著共同的精神，貫串著他們生活的大小層面。溫和派尋求中道而行，最重要的一點是「合理性」（reasonableness）。這邊的合理性指的並不是理性，而所謂的不合理性表示的是完全相信理性或是完全相信信仰，這樣的情況如果太超過的話，就會讓宗教走向不寬容、教條化甚至是宗教狂熱的地步。像塔克一樣在歷史、地理、哲學與政論各方面寫作的神職人員大有人在，他們不認為這些著作與宗教信仰有衝突，他們認為兩方面的努力都有助於啟蒙與信仰的目標，同時作為一位文人以及信徒是完全一致的。因此政經作品比他們的神學作品著名的神職人員所在多有。神職人員為了維持教會與國家的正統而努力，在政治上，承繼光榮革命的遺產以及新教被明定為國教便是正統的體現，而在宗教上則是讓宗教寬容與《檢覈法》及《地方公職法》並存。

綜上可見，英格蘭啟蒙從既有體制內部開始，並與基督新教密切相關，神職人員無論是在理念傳佈上或是對現實世界的改善，皆扮演了重要的角色。有別於法國啟蒙由哲士們主導，英格蘭啟蒙背後的推動者主要是貴族與教士階層，因此，英格蘭在啟蒙的過程中並沒有推翻宗教，而是變得更務實以及重視合理性。之所以稱英格蘭啟蒙「保守」，是因為相較於清教徒革命所造成的震撼。清教徒革命導致之後一百年的英格蘭政治與思想家對於「狂熱」相當敏感，不僅國教派相當畏懼這種激情，對教會批判不遺餘力的吉朋與休謨也都反對這種狂熱。好交際的（sociable）、文雅（polite）這些詞彙在十八世紀開始頻繁的出現，便是一種對狂熱的壓抑，以保護社會免於宗教狂熱與迷信之害。[17]

十八世紀的英格蘭國教會

承前所述，國教會在英格蘭啟蒙中扮演了重要的角色。目前關於十八世紀英格蘭國教會的研究，二十世紀上半葉最重要的研究者是賽克斯（Norman Sykes, 1897-1961），其最重要的作品為一九三四年的《十八世紀英格蘭的教會與國家》。[18]賽克斯指出十八世紀的國教會（The Church of England），並不是像十九世紀史家所說的懈於傳教，只關注中飽私囊。相反地他們對於教區的宗教事務投入相當心力，也並非如過往所說受政府的擺佈。之前的研究者以十九世紀的標準評價十八世紀，因而造成

「時代錯置」（anachronism）問題，賽克斯試圖擺脫這種視角，他實際閱讀十八世紀的檔案，企圖以十八世紀當時的標準來重新審視國教派。[19]正如強納森・克拉克（J. C. D. Clark）所說的：「維多利亞時代人對於國教會的看法，主要是來自於他們對於牛津運動的印象……由於他們將這種想法套用到一八三二年之前之狀況，然而實際上鮮少有十八世紀之國教會牧師符合維多利亞時代人的描述。」[20]牛津運動是一八三三至一八四五年英格蘭國教會內部的一次宗教復興運動，運動起源於牛津大學，核心人物為約翰・紐曼（John Henry Newman, 1801-1890）與愛德華・皮由茲（Edward Pusey, 1800-1882）等人。他們反對當時日益茁壯的「教會自由主義」（又譯為廣教會主義，latitudinarian），後者主張政教分離，教會在世俗事務上應服從國家之管理，並且支持宗教多元化。牛津運動便是要抵制這些主張，他們擔心國教會喪失在英格蘭的國教地位，因此抵制政教分離，鼓吹過去古代教父傳統以及高教會（High Church）論述傳統，認為國家不應干預教會事務，並且強調國家權威與支持君權神授之說。牛津運動引起國教會之警覺，並且批評這群人骨子裡是天主教徒。因此克拉克方指出維多利亞時代的人若是以牛津運動者來概括所有國教會成員，甚至以這種眼光來看待十八世紀的狀況，會產生錯誤的印象與判斷。

史蒂芬・泰勒（Stephen Taylor）在賽克斯研究的基礎上指出，許多神職人員並不想與中央政治事務有所牽連，因為這將影響他們的傳教以及建設教區的工作。同樣受賽克斯的啟發，學者開始就個別人物與地區從事實際個案研究，由華爾希等學者所編的論文集相當重要，其中的論文重視英格蘭地區的多元性，並且指出各地情況的不同，很可能影響研究成果的結論是正面或是負面。從上世紀八十年代開始，學者透過檔案研究企圖檢驗上述說法。研究成果指出，大多數地方上的神職人員都相當盡責並具備一定修養，地方研究也說明國教會對於十八世紀英格蘭人生活的重要性與影響力。[21]

克拉克於一九八五年出版的著作《英格蘭社會》便是吸收上述研究成果的重要作品，這本著作也試圖與同時出現的英格蘭啟蒙研究進行對話。克拉克指出十八世紀的英格蘭社會與傳統的聯繫遠比過去研究所想的緊密，宗教在社會上仍具相當影響力，教會、王權與貴族，長久以來便為英格蘭社會的三大支柱。直到一八二八年《檢覈法》與《地方公職法》廢除之前，英格蘭都是一個強而有力的奉國教國家（Confessional State），宗教對於當時的政治、文化與社會結構一直發揮強大的影響力。[22]所謂的奉國教國家，是指一個國家有其官方指定的教會，並且透過各種手段與限制要求公民認信。克氏另一個重要的論點是，理性在十八世紀所發揮的影響力，並不如過去所說重要，英格蘭國教會在社會的滲透力仍然相當強。克拉克用許多篇幅試圖說明十八世紀英格蘭國教作為宗教正統在政治上的影響力，並且說明他們在十八世紀的活力。[23]十八世紀的英格蘭國教會，對於當時英格蘭的文化、藝術各方面深具影響力，故當時教會對社會的影響力不應被低估。[24]在政治方面，克拉克反對將十八世紀解釋為被洛克思想所籠罩的時代，並且指出羅伯特・菲爾默（Robert Filmer, 1588-1653）的君權神授理論以及對政權與神權聯繫的強調，遠比過去的認識來得重要。克拉克認為啟蒙思想與世俗化，要到十九世紀才在英格蘭落實，宗教與政治在十八世紀的英格蘭仍然緊密相關。[25]

簡言之，克拉克認為當時英格蘭社會世俗化與無神論的力量非常微弱，因此雖然國教派不是唯一的宗教力量，但是也可以說是最具有主導性的力量。克拉克主張英格蘭國教會深植於人民心中，是他們日常生活一舉一動的重要影響者。國王的君權神授說透過宗教儀式深植民眾心中，而且教會也確實與民眾的日常生活密切相關，他們獨佔了宗教儀式，並且提供民眾救濟以及教育，散播各式各樣大眾化的宗教著作，不僅是大城市，在鄉村地區也是如此。因此宗教不只是國家的宗教力量，更提供了民眾效忠國家的框架與形式。[26]克拉克把宗教視為英格蘭保守主義的重心，認為這個保守主義既有活力又成功，而不是被動、反動的角色，十八世紀英格蘭在他看來仍是一個階層分明的舊社會。[27]

總而言之，過去對於英格蘭教會的研究，大多數集中在不服從國教會的新教徒身上，反而忽略了當時國教派內部的爭論以及思想活力。[28]修正派學者們的研究成果指出十八世紀的國教派對於時局的變化反應十分敏銳，並充滿活力。國教派成員成立了各種鼓吹德性以及傳教的團體，積極救濟社會弱勢。此外，他們注重提升神職人員的能力並且興建更多教堂。大量的講道辭流通於書籍市場。[29]然而，國教派跟不服從國教會的新教徒之間的差異雖然不可以忽視，但也不應過分強調。他們也都清楚雙方雖然存在意見上的爭執與差異，但不應以衝突作結。正如不少主教主動宣揚要對不服從國教會的新教徒採取寬容態度，這些不服從國教會的新教徒雖然會對現狀有所批評，但仍高聲主張效忠漢諾威王室。十八世紀英格蘭存在宗教多元性的結論，相當程度上修正了克拉克的觀點。[30]

在上述幾位開創新視野的學者以及之後一系列的作品問世後，學界對英格蘭啟蒙以及十八世紀英格蘭有了不同於過去的理解。一系列探討英格蘭神職人員與啟蒙思想關係的著作相應而生。[31]布萊恩・楊恩（Brian Young）的《十八世紀英格蘭的宗教與啟蒙》便是探討英格蘭啟蒙與宗教關係的重要著作。他企圖論證十八世紀英格蘭國教會的思想活力，主要來自於教會內部的辯論，而不是出於他們與無神論、自然神論者之間的論戰。[32]十八世紀英格蘭國教會內部曾針對神學議題多次辯論，楊恩認為其中最重要的是對《三十九條信綱》的宣誓問題上。

所謂的《三十九條信綱》是英格蘭國教會就一系列教義爭議所提出的官方回應。這《三十九條信綱》是自亨利八世以來逐漸形成的，最初是一五三六年所制定的《十條信綱》，最後經過多次修改辯論之後於一五六二年增至三十九條，於一五七一年經過國會與國教總議會（the Convocation）通過，定為英格蘭國教會官方《信綱》，並且編入《公禱書》（*The Book of Common Prayer*）中沿用至今。舉例而言，第一條《信綱》便聲明三位一體說，主張聖父、聖子、聖靈同體同永恆，這對於質疑三位一體說的自然神論以及其他教派而言自然是無法接受的。另外像是第三十六條關於封立主教的規定，則是讓長老會信徒在內的喀爾文宗信徒，以及像是貴格會、衛理宗等教派都無法接受。

不認同《三十九條信綱》的神職人員，認為這種宣誓要求限制了他們的自由；但對於其他人，《三十九條信綱》有其存在的價值。如埃德蒙・柏克（Edmund Burke, 1729-1797）便認為，《信綱》所代表的不僅是宗教上的穩定，同時也捍衛了政治的穩定。[33]過去視為相互對立的宗教態度，彼此的關係其實無法簡單切割。他以威廉・華伯頓（William Warburton, 1698-1779）為例來說明。華伯頓等人所領導的神學復興、教會改革運動，便是十八世紀末當時的人所認為的啟蒙運動，另一方面，《聖經》至上、靈魂歸宿等等從十七世紀流傳下來的想法，在十八世紀仍舊佔據了主流地位。因此，克拉克認為十八世紀英格蘭在體制上仍屬於舊政權（Ancien Régime），楊恩的研究則補充許多舊社會的想法依然存在於英格蘭。[34]一位研究者指出，研究十八世紀英格蘭時應該要重視究竟是什麼原因使得大規模衝突得以避免，而非著眼於體制當中的派系，從事英格蘭教會研究更應如此。[35]楊恩研究的重要性在於，將研究重點從國教派與其他非國教派的爭論，轉換到國教派內部辯論之中。過去研究往往忽略從丹尼爾・沃特蘭（Daniel Waterland, 1683-1740）到華伯頓的國教會高層人士對國教會的辯護，是英格蘭啟蒙強調中道以及現狀穩定之理念的重要形成力量。[36]

總結目前學界對於當時國教會的認識大致是：十八世紀的神職人員絕不是靠家族朋友關係就可以取得神職，必須有一定能力並且要通過審核。過去的偏見主要來自於十八世紀不信國教者對國教派的批評，以及十九世紀如湯瑪斯・馬考萊（Thomas Macaulay, 1800-1859）等史家，藉由貶抑十八世紀的歷史，讓當時的改革顯出迫切性。[37]

楊恩與索金皆指出，宗教在十八世紀英格蘭甚至歐洲，始終都是相當重要的一股力量，而宗教與理性的關係也絕非只是對立而已，不少神職人員吸收了許多新知，並在社會上與教區中將啟蒙理想付諸實踐。

過去的啟蒙研究大多注重批判宗教的哲士或是不服從國教會的新教徒，對於國教會內部懷抱啟蒙思想的神職人員尚待深入研究。此外，英格蘭國教會內部並非鐵板一塊，其中成員在神學與政經思想上的差異值得細加鑑別，並且透過個案研究還原其立體面貌。活躍於十八世紀的約書亞・塔克（Josiah Tucker, 1713-1799）便是一位值得觀察的人物，本書將以他的思想為焦點，深入剖析他與十八世紀英格蘭國教會和英格蘭啟蒙運動的關係，以作為進一步理解十八世紀中下葉英格蘭啟蒙與宗教的入口。

「想法超越同代人」的約書亞・塔克

關於塔克的最早的記錄是一八三六年署名W. E. T.的作者發表於《巴斯與布里斯托期刊》（*the Bath and Bristol Magazine*）關於塔克生平以及作品的簡短介紹，將一八三六年之前零星幾篇關於塔克生平的記載整理成一篇相對完整的傳記。[38]保羅・福特（Paul Ford）則於一八九四年針對塔克關於美洲事務的言論寫了一篇評論文章，並在文後附上這些冊子的完整書目以及介紹，福特如此評價塔克：「想法超越與他同時代的人，並且對於那些困惑整個世代人的問題有著深入的洞見。」[39]第一部探討塔克的學術專著，是哥倫比亞大學經濟系華特・克拉克一九〇三年的博士論文，他認為塔克的歷史地位應該被更加重視，除了他是在亞當・斯密（Adam Smith, 1723-1790）之前大不列顛的重要經濟學者，更因其研究提升了大不列顛人對經濟學的了解，有助於日後斯密經濟著作為大不列顛人所接受理解。然而，克拉克研究的不足在於，將塔克的經濟著作從其他作品中抽離出來，未細究塔克經濟思想在他整體思想圖像中的位置。例如北美洲殖民地問題所牽涉的層面，除了經濟之外，政治與宗教方面的因素被省略不談。[40]

羅伯特・休勒於一九三一年將塔克關於政治與經濟的七篇著作重新編輯出版，這也是到目前為止唯一將塔克作品重新編排的著作。休勒撰寫了一篇近五十頁的導言，對塔克的思想以及相關事蹟進行探討，主要以塔克經濟思想為探討主軸。他主張塔克在經濟學的歷史上應佔有一席之地，並認為由於斯密受到法國重農學派的影響，而法國經濟學家如杜爾哥（Anne-Robert-Jacques Turgot, 1727-1781）對其相當讚賞，曾將兩本塔克著作譯為法文，因此推斷塔克的作品對於斯密有影響十分合理。[41]由薛頓撰寫的第一本塔克完整傳記《塔克總鐸與十八世紀經濟與政治思想》於一九八一年出版。

此書對於塔克的生平以及與同代人的交遊有了較過去更為詳盡的探討，如他在布里斯托替羅伯特・紐金（Robert Nugent, 1702-1788）競選議員，及其被拔擢為總鐸的過程。此書較既往研究更為細緻地描述塔克如何實踐自己的政治思想，不過薛頓在處理塔克思想時，將經濟與政治思想兩者獨立開來處理，而未能合而觀之是其不足之處。[42]

伯納德・齊末爾（Bernard Semmel, 1928-2008）討論塔克與大衛・休謨（David Hume, 1711-1776）關於窮國與富國經濟地位是否有可能易位之辯論。休謨認為窮國因為人力的便宜，所以會先在低技術產業像是畜牧業逐漸壯大，後來會漸漸跨足至如紡織業等技術相對高且勞力密集之產業。富國有其發展瓶頸，因此發展速度會逐漸減緩，最終兩方將並駕齊驅。塔克不同意休謨的看法，他主張富國雖然工資較高但技術領先窮國，因此窮國的低工資並不足以威脅富國；此外塔克認為休謨也忽略了當窮國逐漸富裕後，將逐漸喪失原有的低工資優勢。此外，塔克認為窮國與富國之間的關係，可以是相輔相成而不必是相互敵對的。塔克認為雖然窮國在技術與資本上無法跟富國競爭，但是由於不同地區風土民情各異，所以各地可以依靠自身的特殊性來發展特色產業。因此雙方應該維持自由貿易，而不應該設關稅障礙。塔克在寄給亨利・霍姆（Henry Home, Lord Kames, 1696-1782）的信件中指出，休謨在辯論過後所發表的新作品一七五八年的〈論貿易的妒忌〉（Of the Jealousy of Trade）明顯接受了自己的說法。此外，齊末爾認為小庇特（William Pitt the Younger, 1759-1806）在日後首相任內所推行的自由貿易政策，深受塔克對自由貿易主張的影響。不過齊末爾補充道，塔克也不是徹底的自由貿易者，因為塔克認為在必要的時候，國家可以用關稅來保護國內產業。[43]特倫斯・哈奇森（Terence Hutchison）曾有一專章討論塔克的經濟思想，哈氏認為塔克的思想有其原創性，像是塔克將經濟自由與思想自由放在一起，並且認為這能夠壓制專制獨裁之力量，哈奇森定位塔克是自由貿易思想發展史上是一個重要的開創者，幫助更多人能夠適應並且理解政治經濟學思考上的大轉變。然而不足之處則在於無法將這些想法建構出一套理論化的框架。[44]

伊斯萬・洪特（István Hont, 1947-2013）對此有不同的看法，他指出雖然塔克聲稱休謨接受了自己的意見，但是實際上卻是塔克誤讀了休謨的文義。洪特認為休謨從來就沒有否認過富國的成長性，他所無法接受的是「無限成長」的說法。〈論貿易的妒忌〉的主張跟休謨之前與塔克辯論時並無二致，是塔克誤會了休謨的修辭性筆法，以致於他有此種誤解。洪特一文除了修正齊末爾之論點，也指出塔克與休謨兩人思想的相同處實大於相異處，而這些問題也是蘇格蘭啟蒙運動中亞當・斯密、亞當・佛格森

（Adam Ferguson, 1723-1816）與約翰・米勒（John Millar, 1735-1801）等人著作中受到關注的焦點。[45]另一位學者楊恩也指出，十八世紀學者對政治經濟學的關心，並不必然意味著世俗化（secularization）。當時的神職人員追求的是一種他稱為「基督教道德經濟學」（Christian moral economy）的學問：在此學問中，宗教、商業與現實政治三者之間的關係密不可分，商業法則與上帝意旨並行不悖，即當人們在商業上追求自我利益時，非但不會損害反而有助公共利益。楊恩總結道，若要掌握十八世紀政治經濟學在英格蘭的發展，勢必不可忽視其與基督教信仰的密切關係。[46]

少數學者如沙林・拉許德（Salim Rashid）已指出基督教思想為塔克思想的重心，但並未對塔克的宗教思想有所著墨；[47]目前對塔克的研究仍多關注他的經濟思想及其幾本力倡大不列顛應放棄北美殖民地的著作，而多忽略了作為神職人員的塔克，其神學思想在這些著作中發揮的影響力。本書將探討塔克及同時代國教會的其他神職人員，在面對歐陸啟蒙運動中的無神論者或是自然神論者（deists）以及大不列顛本土不服從國教會的新教徒[48]（the Dissenters）兩方面的挑戰時，如何一方面擷其長處，另一方面亦捍衛國教會作為英格蘭官方教會的正當性；希望能將塔克思想過去被忽略的面向重新放回其脈絡，更完整地呈現他與時代互動的圖像。

1711-1776

David Hume

大衛・休謨

休謨普遍被視為英語世界有史以來最傑出的哲學家之一，他的「懷疑論」啟發與激怒了十八世紀以降許多神職人員和思想家，不斷有人撰文回應；休謨同時也是傑出的歷史學家，並在政治與經濟思想上有其重要貢獻。此外，啟蒙運動中，休謨與蘇格蘭、英格蘭和法國的哲士們皆有密切交往，許多辯論與交遊都以其為中心展開，他毋庸置疑是蘇格蘭啟蒙的核心代表人物。

一七五八年，卡梅斯勳爵將塔克的一些論文草稿轉交給休謨，討論是否真如休謨在《政治論述》中所說的那樣，一個富國最終必然會被工資較低的窮國的競爭優勢榨乾財富。休謨認為塔克反對其觀點的理由並不令人信服，但他告訴亨利・霍姆，塔克批評為貿易而參戰的整體想法是絕對正確的，任何對其鄰國進行軍事侵略的國家都會得不償失。正如塔克所說，國家的發展核心永遠不是它征服了多少領土，而是其商品產值的高低，以及國家能否為它們找到一個市場。休謨曾寫道：「我大膽地坦承我的想法，不僅作為一個人，而且作為一個大不列顛人，我祈禱德意志地區、西班牙、義大利甚至法國的商業繁榮。我至少可以肯定的是，如果大不列顛與這些國家的君主和大臣們彼此間都懷有這種擴大的、仁慈的感情，大不列顛和所有這些國家都將更為繁榮。」

當時與休謨立場迥異的大有人在，威廉．華伯頓對他猛烈批判，理查．普萊斯則以書信理性討論。一七六七年普萊斯將自己的《四篇論文》寄給休謨，其中包括他對奇蹟的見解，他寫道：「我希望，我不會僅僅因為意見上的分歧而不喜歡任何人，也不會把人格的價值和上帝的恩惠與任何特定的情感聯繫起來。這是我最堅定和最喜歡的原則之一……沒有什麼比尋找並實踐真理和權利的忠實願望更為重要。」在〈關於基督教的重要性、它的證據和對它的反對意見〉一文，普萊斯將休謨描述為「一位天才和能力極為突出的作家，超過了我所能讚揚的詞彙。」休謨則有此回應普萊斯：「就學問而言，以適當的禮節和良好的風度進行爭論是非常罕見的，特別是當它涉及到宗教情感時，人們往往認為自己可以讓心中最大的怨恨和仇視爆發出來。但你像一個真正的哲學家一樣」，休謨說道，「雖然你用論據壓倒了我，但你的表達方式很溫和，給了我鼓勵：你不說流氓、無賴和笨蛋這些格洛斯特主教（即威廉．華伯頓）及其派系那種狹隘的語言，而是把我當作有錯誤的人，且願意展開推論來說服我。」

這種正面的互動也印證了休謨的想法：新的科學和新的道德將會從文雅社會中咖啡館和酒館裡聚集的緊密、幽默、世故的文人小圈子中產生。在這裡，他們「比生活中地位更高的人更有機會獲得對人和事的知識，一切事物都以其自然的色彩呈現在面前；人們有更多的閒暇來觀察，而且還會產生繼續深化自己的野心，因為他將知道如果自己不勤奮，是不可能出人頭地的。」休謨主張社會生活是依賴人與人之間的友誼方得以建立、維持，他也身體力行，廣交各界朋友，並且強調「談話」對於友誼的重要性。這種「相互的尊重或禮貌，使我們把自己心中的喜好讓位給同伴的喜好，並且抑制人類天生具備的傲慢」；他認為，只有在朋友陪伴下，才能讓人產生道德和公民責任感。

知名經濟學家亞當・斯密便是休謨的至交之一。一七七六年二月，休謨對於斯密幾年前已完成草稿的《國富論》仍遲遲未出版感到擔心，他致信斯密：「我和你一樣是個懶散的寫信者，但出於憂慮我不得不寫。我聽說那本書已經印好了，但沒有看到廣告。」休謨認為，如果斯密要等到北美的命運塵埃落定才出版，這可能需要很長的時間；他還對自己因病消瘦開了一個典型的休謨式玩笑：「如果倫敦的規模像我（的體重）一樣減輕就更好了。倫敦只不過是一個腐壞、充滿了不淨體液的大塊頭。」休謨提到自己健康狀況不佳，近期又瘦了五英石（約三十公斤）：「如果你再拖延下去，屆時我可能已不存在。」所幸三月《國富論》終於送達他的手中，休謨給予此書毫不吝嗇的讚美：「它有深度、堅實且敏銳，並以眾多由非凡眼光注意到的事實作為說明，它最終必將引起公眾注意。」

休謨同時也是北美事務的敏銳觀察者，當他對北美反叛者表示同情時，除了亞當・斯密，他的密友們都震驚並持反對立場。一七七五年底，休謨告訴朋友威廉・穆爾（William Mure）：「就我的原則而言，我是一個北美派，希望大不列顛不要干涉他們，讓他們按照他們認為正確的方式來管理或是不當管理自己。」一七六六年，他也親身旁聽國會關於廢除《印花稅法》的辯論。

休謨從實際效用的角度呼籲讓美國獨立。他認為大不列顛缺乏足夠的資源擊敗叛軍，即使國王贏得戰爭，在「如此暴力的仇恨」之後，也無法再召喚出必要的統治權威。他列舉了他認為屆時必須施以北美的獨裁統治措施，並得出結論：若要採行這些措施，除了存在道德問題，所需要的武裝力量也是大不列顛遠遠負擔不起的。

休謨肖像。頭上的書是其重要著作《英格蘭史》。

本章註

1 Keith Wrightson, *English Society, 1580-1680* (New Brunswick, N.J: Rutgers University Press, 1982), 92-93.

2 英格蘭的官方教會。亨利八世自一五二五年開始便向教廷請求允許他與當時的王后凱薩琳離婚，但是教宗始終未同意亨利的請求。亨利八世於一五三四年設法讓國會頒布一系列法案，其中最重要的是規定英格蘭元首是英格蘭的唯一、最高宗教權威，亨利因此可以如願與凱薩琳離婚；另外《叛國罪法案》也規定不承認英格蘭元首最高權威的人將被視為叛國者，最嚴重可以處以死刑。

3 Paul Hazard, *The European Mind, 1680-1715* (New Haven: Yale University Press, 1952), pp. xv-xvii.

4 Peter Gay, *The Enlightenment: An Interpretation*, vol. 1, *The Rise of Modern Paganism* (London: W. W. Norton, 1969), pp. 25-30.

5 Jane Shaw, "The Long Eighteenth Century," in Ernest Nicholson ed., *A Century of Theological and Religious Studies in Britain*, 1902-2002 (Oxford: Oxford University Press, 2003), p. 224.

6 Peter Gay, *The Enlightenment*, p. 6.

7 Ernest Cassirer, *The Philosophy of the Enlightenment* (Boston: Beacon Press, 1951), p. 5.

8 Ibid, p. 136.

9 Helena Rosenblatt, "The Christian Enlightenment," in Timothy Tackett and Stewart Brown eds., *The Cambridge History of Christianity: Enlightenment, Revolution and Reawakening, 1660-1815* (Cambridge: Cambridge University Press, 2006), pp. 283-284.

10 J. A. I. Champion, *The Pillars of Priestcraft Shaken: The Church of England and Its Enemies, 1660–1730* (Cambridge: Cambridge University Press, 1992). 關於自然神論者的研究，見Peter Harrison, *'Religion' and the Religions in the English Enlightenment* (Cambridge: Cambridge University Press, 1990).

11 見楊肅献，〈英格蘭有啟蒙運動嗎？——歷史家論十八世紀的英國與啟蒙思想〉，《新史學》第九卷第四期（臺北，一九九八），頁一至三十八；楊肅献，〈柏克思想與英格蘭啟蒙運動〉，《台大歷史學報》四十二期（臺北，二〇〇八），頁一〇七至一七一。

12 J. H. Plumb, "Reason and Unreason in the Eighteenth Century: The English Experience," in *In the Light of History* (Boston: Houghton Mifflin, 1972), p. 24.

13 Roy Porter, "The Enlightenment in England," in Roy Porter and Mikuláš Teich, eds., *The Enlightenment in National Context* (Cambridge: Cambridge University Press, 1981), pp. 1-18. 在波特之前，已有以個別國家為單位來討論啟蒙，如Henry May, *The Enlightenment in America* (New York: Oxford University Press, 1976). 對此研究方法之反省見：John Roberson, "The Enlightenment above National Context: Political Economy in Eighteenth-Century Scotland and Naples," *The Historical Journal* 40:3 (1997), pp. 667-697.

14 Roy Porter, "The Enlightenment in England," pp. 10-13.

15 參見Roy Porter, *Enlightenment: Britain and the Creation of the Modern World* (London: Penguin, 2000).

16 J.G.A. Pocock, *Barbarism and Religion: The Enlightenments of Edward Gibbon, 1737-1764* (Cambridge: Cambridge University Press, 1999), p. 5.

17 J.G.A. Pocock, "Post-Puritan England and the Problem of the Enlightenment," in Pérez Zagorín ed., *Culture and Politics from Puritanism to the Enlightenment* (Berkeley: University of California Press, 1980), pp. 91-111.

18 Norman Sykes, *Church and State in England in the XVIIIth Century* (Cambridge: Cambridge University Press, 1934).

19 G. V. Bennett, "Preface," in G.V. Bennett and J.D. Walsh eds., *Essays in Modern English Church History: in Memory of Norman Sykes* (London: Black, 1966), p. v.

20 J.C.D. Clark, *Revolution and Rebellion: State and Society in England in the Seventeenth and Eighteenth Centuries* (Cambridge: Cambridge University Press, 1986), p. 109.

21 Stephen Taylor, "Sir Robert Walpole, the Church of England, and the Quakers Tithe Bill of 1736," *Historical Journal* 28:1 (1985), pp. 51-99; John Walsh, Colin Haydon, Stephen Taylor eds., *The Church of England c.1689-c.1833: From Toleration to Tractarianism* (Cambridge: Cambridge University Press, 1992); Jeremy Gregory

and Jeffery Chamberlain eds., *The National Church in Local Perspective: The Church of England and the Regions, 1660-1800* (Woodbridge: Boydell Press, 2003)

22 J.C.D. Clark, *English Society, 1688-1832: Ideology, Social Structure, and Political Practice during the Ancien Regime* (Cambridge: Cambridge University Press: 1985), pp. viii-x, 136-137.

23 Ibid, pp. 216-235.

24 Ian Green, *Print and Protestantism in Early Modern England* (Oxford: Oxford University Press, 2000); Jeremy Gregory, "Christianity and Culture: Religion, the Arts and the Sciences in England, 1660-1800," in Jeremy Black ed., *Culture and Society in Britain, 1660-1832* (Manchester: Manchester University Press, 1997), pp. 102-123.

25 J.C.D. Clark, *English Society, 1688-1832*, pp. 136-137.

26 Ibid, pp. 161-173.

27 J.C.D. Clark, "England's Ancien Regime as a Confessional State," *Albion* 21:3 (1989), pp. 450-455, 466-474.

28 B. W. Young, "Religion History and the Eighteenth-Century Historian," *Historical Journal* 43:3 (2000), pp. 849-868.

29 Ellis Wasson, *A History of Modern Britain* (Chichester: Wiley-Blackwell, 2010), p. 27.

30 Jeremy Black, "Confessional State or Elect Nation? Religion and Identity in Eighteenth-Century England," in Tony Claydon and Ian McBride eds., *Protestantism and National Identity: Britain and Ireland, c.1650-c.1850* (Cambridge: Cambridge University Press, 1998), pp. 60-62.

31 Knud Haakonssen ed., *Enlightenment and Religion: Rational Dissent in Eighteenth-Century Britain* (Cambridge: Cambridge University Press, 2006); William Gibson, *Enlightenment Prelate: Benjamin Hoadly, 1676-1761* (Cambridge: James Clarke & Company, 2004).

32 B. W. Young, *Religion and Enlightenment in Eighteenth Century England* (Oxford: Oxford University Press, 1998), p. 3.

33 Ibid, pp. 47-60.

34 Ibid, pp. 167-212.

35 William Gibson, *The Church of England 1688–1832: Unity and Accord* (London: Routledge, 2001), p. 23.

36 David, Sorkin, *The Religious Enlightenment*, p. 31.

37 William Gibson, *The Achievement of the Anglican Church, 1689-1800: The Confessional State in Eighteenth- Century England* (New York: Edwin Mellen Press, 1995).

38 W.E.T., "Biographical Sketch and Scientific Paper," (Bristol, 1836) in Jeffery Stern ed., *The Collected Works of Josiah Tucker*, vol. 6 (London: Routledge-Thoemmes Press, 1993).

39 Paul L. Ford, "Appendix II: Josiah Tucker and His Writings: An Eighteenth Century Pamphleteer on America," *Journal of Political Economy*, 2:2 (1894), pp. 330-347. 語見p. 330.

40 Walter E. Clark, *Josiah Tucker, Economist: A Study in the History of Economics* (New York: Columbia University Press, 1903).

41 Robert Livingston Schuyler ed., *Josiah Tucker: A Selection from His Economic and Political Writings* (New York: Columbia University Press, 1931), pp. 3-49.

42 George Shelton, *Dean Tucker and Eighteenth Century Economic and Political Thought* (London: Macmillan Press, 1981).

43 Bernard Semmel, "The Hume-Tucker Debate and Pitt's Trade Proposals," *The Economic Journal* 75 (1965), pp. 759-770.

44 Terence Hutchison, *Before Adam Smith: the Emergence of Political Economy, 1662-1776* (Oxford: Blackwell, 1988), pp. 229-238.

45 Istvan Hont, "The 'Rich Country-Poor Country' Debate in Scottish Classical Political Economy." in Istvan Hont and Michael Ignatieff eds., *Wealth and Virtue: The Shaping of Political Economy in the Scottish Enlightenment* (Cambridge: Cambridge University Press, 1983), pp. 271-315. 替齊末爾說法辯護的作品見：Bruce Truitt Elmslie, "Retrospectives: The Convergence Debate between David Hume and Josiah Tucker," *The Journal of Economic Perspectives*, 9:4 (1995), pp. 207-216. 另有學者認為休謨才是影響塔克的人，使塔克脫離一七五〇年代作品中的重商主義，轉而主張更自由的貿易，見：John Berdell, "Innovation and Trade: David

Hume and the Case for Freer Trade," *History of Political Economy*, 28:1 (1996), p. 116. 參見Ryu Susato, "Hume's Oscillating Civilization Theory," *History of European Ideas*, 32:3 (2006), pp. 263–277.

46 B.W. Young, "Christianity, Commerce and the Canon: Josiah Tucker and Richard Woodward on Political Economy," *History of European Ideas*, 22: 5-6 (1996), pp. 385-400.

47 Salim Rashid, "'He Startled... As If He Saw a Spectre': Tucker's Proposal for American Independence," *Journal of the History of Ideas* 43:3 (1982), pp. 439-460. 參見Robert Hole, *Pulpits, Politics and Public Order in England, 1760-1832* (Cambridge: Cambridge University Press, 2004), p. 84.

48 部分英國新教徒反對英格蘭國教會規定元首作為教會領袖，此外，例如喀爾文派的清教徒便認為國教會在宗教儀式上並未與羅馬天主教會並無太大差異。這群人消極地服從英格蘭元首，不前往國教會領取聖餐，也因此一直到十九世紀以前無法就讀牛津、劍橋等大學，也無法在政府中任職。

第二章　塔克的宗教與政經思想

如導論所介紹，前人對塔克的宗教思想著墨甚少，然而近年的研究成果多指出，在十八世紀的英格蘭，宗教仍然具有相當重要的影響力。身為神職人員的塔克對於宗教的理解與態度及其政治經濟上的見解有何關係，為本章所要探討之處。

謹慎務實的國教會士

塔克雖曾在一七四〇年代發表一些小冊子，不過開始讓他廣受矚目的則是主張英格蘭應該放寬外國新教徒與猶太人歸化限制的作品。塔克的寬容主張在當時並不受歡迎，布里斯托當地的民眾甚至公開焚毀他的肖像及著作。為何塔克獨排眾議，寧受惡言批評也要疾呼對猶太人採取寬容政策？這關乎他如何看待基督教與猶太教的關係與歷史淵源。

理性有助於理解信仰，但神意仍在理性之上

塔克曾擔任巴特勒主教（Joseph Butler, 1692-1752）的私人秘書，兩人交情深厚，塔克自認為自己對神學的見解深受巴特勒的影響，故若要探究塔氏的神學見解，便必須先對巴特勒的看法進行探討。巴特勒主教最著名的著作為《自然宗教與啟示宗教之類比》（*The Analogy of Religion Natural and Revealed*），此書借用自然神論者的類比方法討論基督教教義，目的在於藉此為基督教辯護。他認為因為《聖經》存在許多無法理解之處而否認《聖經》為上帝話語的人，若採用類比方式來觀察自然世界，將會發現自然界存在更多難以解釋的現象。巴氏所要說的是，《聖經》與大自然實出於同一造物者之手，所以兩者會有許多相似之處。巴特勒並不否認，從經驗理性的角度，《聖經》當中確實有一些神祕費解之處，但是在自然界當中的許多事物同樣充滿了缺陷性和不規律性，因此無論是自然神論者或是基督徒都只能從某種猜測推導出結論。然而，基督教這種具有神祕性的特質，在巴氏眼中看來絲毫不會影響其對人生的指引功用。[1]

從以上簡介可以看出兩個重點，其一是類比方法與理性確實有助於信徒對《聖

經》之理解。其二是倘若理性無法解釋《聖經》中的某些篇章，那並不是《聖經》的錯誤，而是其中的真理超越了理性可理解的範圍，信徒所能做的便是堅持自己的信仰，而非將神意屈就於理性之下。[2]

塔克的神學思想與巴氏頗多相近之處，兩人都體現出當時國教會中對於理性與宗教關係的某種特定立場。例如，塔克與巴特勒都主張耶穌的受罪是為了解除人類之原罪，也堅信三位一體以及因信得救等主張。然而其中像是三位一體不合乎理性，再加上希臘文《聖經》有關聖父、聖子、聖靈之段落與拉丁文版本不同等地方常成為批評國教會者的理由；但從塔克的回應方式可以看出他與巴特勒的相似之處：他們都主張三位一體雖無法用理性解釋，基督徒仍需對其堅信不移，因為聖父、聖子與聖靈都具有神聖性。雖然人們無法回答為何三位一體如此安排，但因為此乃上帝之話語，信徒們便必須篤信。[3]正如最終審判雖無法以理性來解釋，但是基督徒仍應堅持對《聖經》的信心一樣。[4]對此，當時基督教的其他派別持不同主張，例如亞流派（Arianism）認為耶穌次於上帝，並非與上帝一體，因此無法跟上帝一樣擁有永恆的生命；蘇西尼派（Socinianism）則宣稱耶穌只是一介凡人。塔克完全不同意這些論點，因為耶穌所行的神蹟若按照這種說法根本無法解釋，況且耶穌若說了如此多沒有根據的話語，豈不成了最大的騙徒！故這是絕對不可能的。[5]塔克認為這些教派之所以會犯下如此錯誤，是因為他們缺乏足夠的信心相信耶穌那些超越理性和一般經驗的教導。[6]

宗教寬容既是人道的進步價值，亦有利國家經濟

回到外國人歸化法案的主題上，大不列顛政府在一七五一年希望能通過一個放寬外國人歸化限制的法案，但因受到民眾強烈反對而被迫撤案。塔克認為民眾這種作為非常不理智，因此寫了《反思歸化法合宜性》一書，力陳若不放寬對外國人（尤其是猶太人）的種種限制，將對大不列顛的商業造成重大阻礙。當時與大不列顛競爭的荷蘭與普魯士，都因為採取開放政策而在經濟上顯著發展，英格蘭教會及政府的擔憂實無必要。這些外國難民多是因宗教迫害而來的移民，他們往往對遷入國家的經濟有正面影響：一來是因為外國人到異國會格外努力；再者，這些人會落地生根，對於主張「人口即國家財富」的塔克而言，這無疑是相當正面的效應。[7]翌年本書的續篇出版，進一步反駁那些控訴猶太人將傷害大不列顛經濟的說法。塔克認為國家的經濟發展本來就有起有落，不能將猶太人當成代罪羔羊。大不列顛當前失業率增高並非猶太人造成，而是產業發展過程中自然的現象：「難道真正有效去探究工作機會短缺的方

式，不是先去問究竟是什麼因素造成了勞動力流動的困難？難道不正是因為壟斷與獨占阻礙了人們的工作機會嗎？」[8]國家經濟陷入不景氣的解決之道應該是給予它自由發展的空間與時間，它最終便會自然痊癒。[9]塔克駁斥那些反對猶太人從事商業或是買賣土地的人：

> 英格蘭沒有任何一條法律限制猶太人不能購買土地。況且大憲章裡頭也有保護猶太人各種權利（包括財產權）的規定，所以就連一般的法律也無法剝奪他們的權利。[10]

猶太人自古以來就享有從事買賣土地貨物的權利，歷史上也從未被剝奪，從各種文字記錄可以看出，猶太人從不被視為具有威脅性。當前英格蘭對於猶太人的反對與敵視，既非出於理性，更非基於歷史教訓，而是某些人將猶太人視為代罪羔羊，對其惡意迫害。[11]猶太人移民所受到的限制以及他們只能聽由國王任意處置的規範，在塔克看來就是最「中古」的表現。對塔克而言，猶太人乃是對國家大有幫助的貿易商和金融家，對他們採取寬容政策不僅可強化大不列顛的經濟力量，同時也能削減中古封建習俗的殘留。[12]

塔克反對國教會基於自身的教義詮釋而去干涉世俗政府的法律，正是一種啟蒙價值之顯現，亦即一個人的權利不能因其宗教信仰而被有所限制。「宗教寬容」（religious toleration）一般被視為啟蒙運動中具代表性的特色。正如洛克一六八九年的著作《論宗教寬容》所主張：真正的信仰不應該也不可能強制推行，而必須透過理性來讓人信服；人們應該要明白，基督教中不同教派的人仍有和平相處的可能。世俗政權無能干涉宗教爭議，因為政府的強制力只能改變人們的外在行為，並不能改變人的內心。即使政府能夠強迫人們改變信仰，也不能拯救他們的靈魂。[13]因為「公民政府的全部權力僅與人們的公民利益有關，並且僅限於掌管今生的事情，而與來生毫不相干。」[14]

宗教寬容與廢除奴隸運動，或說反對所有的暴力以及迫害，是啟蒙精神的重要體現。[15]啟蒙運動者反對奴隸制度不是出於經濟考量，而是出於人道精神。[16]就像蓋伊指出的，休謨探討經濟的著作雖然談不上系統性，但都環繞著十八世紀核心的經濟議題，因此算是啟蒙運動的一部分，同樣的評斷也適用於塔克身上。休謨與塔克都認為追求消費與富裕密切相關，兩者都可以帶給人類無比的裨益，而政治家的責任就是對此加以鼓勵和保護，「正如擁有事業與私產的個人可以靠國家力量的保護而得到較大保障，國家力量也會受益於商業的繁榮發達而相應強大。」[17]

塔克雖力倡猶太人在一般的民生事務上應享有平等的權利，然而他卻反對猶太人從軍或是擔任政府公職，他解釋這是因為軍事、政府或是教會是攸關國家層級的公共事務，所以才必須如此限制，[18]塔克對其他不服從國教會的新教徒的態度亦復如此。雖然他主張「拒絕宣誓者」（Non-Juror）應該擁有平等的土地與商業交易權，但是為了國家安全與穩定，少部分的寬容勢必得犧牲。[19]不過整體而言，塔克仍認為若對各種宗教採取寬容的態度，從各方面都將有利於大不列顛。也因此，英格蘭國教會作為官方教會的合理性與正當性，成為塔克必須回答的問題。

存在的本身就是一種正當性——政權如是，國教會亦復如是

國教派成員於一六八九年光榮革命時面臨是否繼續效忠詹姆斯二世的抉擇。那些選擇繼續效忠詹姆斯二世及其子嗣的人被稱為「詹姆斯黨人」（the Jacobites），他們有的跟隨詹姆斯二世前往法國，另外一些在英格蘭與蘇格蘭的則選擇放棄政府與教會的職位，拒絕向新君主——國王威廉三世（1650-1702）與女王瑪莉二世（Mary II, 1662-1694）——宣誓效忠，這群人因此被稱為「拒絕宣誓者」。

除了愛爾蘭之外，詹姆斯黨人主要分布在蘇格蘭高地西部、伯斯郡和阿伯丁郡以及英格蘭北部天主教徒比例較高的地區。在威爾斯的部分地區、西米德蘭郡和英格蘭西南部也有同情者。詹姆斯黨人認為一六八九年後的政權為非法政權，因此他們多次企圖奪回政權，分別在一七一五年與一七四五年發動了兩次大規模軍事行動（一七〇八與一七一九年也有小規模暴動，到了一七五〇年代之後還是有多次陰謀企圖），企圖復辟斯圖亞特王室。不過一七四五年後，詹姆斯黨人的軍事力量幾近瓦解，加上一七四八年起，法國不再提供詹姆斯黨協助，因此大致在一七五〇年代以後，詹姆斯黨人已無法對大不列顛政權造成威脅。

在一七一五年與一七四五年這兩次動亂期間，許多國教會的神職人員紛紛發表文章表明支持政府，同時也發揮穩定民心的作用。塔克於一七四五年出版的小冊子便是在這種背景下寫就的。當時這些撰文者對於光榮革命的不同詮釋，往往出自於政治與宗教的不同立場。因此分析塔克關於光榮革命的詮釋，以及他對於國會在一六八九年通過的《寬容法案》（*The Toleration Act*）的看法，能讓我們進一步掌握塔克政教關係的思想。[20]

在討論塔克的政教見解前，應先指出過去學者並未留意到的一點，即塔克本人曾表示自己對於政教關係的看法深受威廉・華伯頓（William Warburton, 1698-1779）一七三六年出版的《教會與國家的聯合》（*The Alliance between Church and State*）一書影響，並且他深深讚賞華伯頓的主張。[21]華伯頓並非以神意作為終極理由來替官方教會以及《檢覈法》與《地方公職法》辯護，而是跟洛克一樣以社會安定和國家穩定來立論。華伯頓指出，人類之所以組成政府乃是為了抑制邪惡、彌補社會上之不公不義，而教會成立的目的則是普及宗教，並且深化民眾的知識深度。由於政府與教會是兩個不同的組織，倘若政府希望深化對社會的影響力，則應與教會攜手合作，具體方法是允許各教派的信徒自由集會，並且成立一個由法律所保障的國家官方教會。擁有唯一官方肯認的至尊地位，同時卻不具備排他的強制力，將使國教會發揮最佳功用。[22]一個國家官方教會不僅能讓政府官員有效管理教士，也可讓教會成為政府合作的力量，改善政府在社會上力有未逮之處。華伯頓說：

> 迫害、暴動、革命與喪失公民與宗教自由，這些由於教派彼此鬥爭而產生的後果，只要稍微對人類歷史有所接觸都會知道……最有效的解決方式就是建立一個國家教會，而給予其他教派完全的寬容。[23]

塔克對國教制度的看法與華伯頓十分相近，同樣是以「權宜」（expedient）的特質來論證英格蘭國教會存在的合理性與正當性。在塔克的論述中，英格蘭國教會一如歷史上許多組織，皆是隨著時間累積逐漸形成，是在人類長時間的歷史演進中自然出現的產物，而不是出於政府制定的法律或命令。英格蘭國教會自創立以來之所以能延續數百年以上，必有其合理性與正當性。[24]誠如前述，英格蘭國教會與其他新教教派最不同的地方在於，他們要求信徒宣誓遵守《三十九條信綱》。對於該《信綱》的批評自頒佈以來便不曾停歇，國教會中一些自由派的人士認為這違背了個人擁有的決定權以及思想自由，宗教的意義應在於追求真正的神意，實用性或是現實利益的考量都不應該作為《信綱》存在的理由。[25]塔克在作品中捍衛《信綱》，主張政府有權力管理教會，仲裁何種學說為正統。然而，塔氏對於宗教與政治關係的說法亦有其矛盾之處，他曾說：

> 愛國心並不是基督徒的美德。對國家的愛，事實上，是一種對地方的情感、一種帶有偏袒的情感，但上帝對人的承諾則是普世性的，將世上所有人都擁抱在其懷中。[26]

因此在面對「宗教寬容」和「限制非國教徒的參政與受教權」兩者之間的矛盾時，塔克只能支吾其詞道：「官員無疑有權利去鼓勵、扶植他視為最正統與優秀的宗教體系。」[27]作為國教會神職人員的塔克自然對英格蘭的政府與傳統忠心不二；但是他同時又主張上帝對於人類有一個普遍利他的計畫，其中人類的道德與宗教緊密相連，換句話說，人要作為基督徒才能夠提升道德。那麼究竟要以國家利益或是普世慈愛為優先考量呢？

塔克將國家利益與博愛兩者調和起來，他在為大不列顛政府辯護的同時，以神愛世人的說法來增強其說法的正當性。因此，他主張政府存在的意義在於發揮其制度與力量來宣揚宗教與改善道德，充當引導國家公民走向正確方向的重要力量。易言之，雖然根據上帝的主張，各個教派應當平等，但是由於人類世界有著錯綜複雜的歷史——而這也正是神意在世間的展現——故在此種安排中，某些政府在種種機緣下必須建立起一個國家官方教會，並握有仲裁宗教事務的最高權力。[28]塔克認為欽定一個特定教派為官方教會，而不是讓所有教派互相競爭衝突，可能根絕國內的宗教內戰，同時又讓所有人都享有一定程度的信仰自由。

1692-1752

Joseph Butler
約瑟夫・巴特勒

約瑟夫・巴特勒是英格蘭國教會牧師，一七三八年，他先是被任命為布里斯托主教時，後於一七四〇年獲任聖保羅大教堂的總鐸。在巴特勒成為主教時，他已出版了對哲學和神學深具貢獻的著作，其中著名的是《宗教的類比》與《天然人性的十五篇講道》。他認為人性和宗教的教義是完全一致的。因此，儘管道德與宗教是一致的，但它並非源自宗教。這是巴特勒極具原創性的部分。《講道》被廣泛認為是十八世紀最重要的倫理學著作之一；巴特勒在書中透過對人性的探索性分析作為倫理學理論的基礎，提出美德在於順應自然，而惡習則是偏離自然。巴特勒所要回應的目標包括了湯馬斯・霍布斯和曼德維爾等作家所主張的利己主義。不過，這並不代表巴特勒反對自愛心，他只是想要將良心和自愛之間、責任和長期的自我利益之間發生衝突的可能性降到最低。他寫道：「如果我們理解我們真正的幸福，良心和自愛總是引導我們走同樣的路。責任和利益是完全一致的；在這個世界上，大部分是這樣，如果考慮到未來和整體，則完全如此；這隱含在對事物良好和完美管理的概念中。」他也強調，自愛與廣澤他人之愛是不衝突的，「一個人為了滿足當前的慾望而墮落向某種毀滅：沒有人會稱這種行為的原則為自愛。」「難道希望且樂於得到別人的幸福，希望且樂於得到別人的尊重，是一種對自愛的減損嗎？」

巴特勒在《宗教的類比》中寫道，「道德和宗教習慣」可以提高一個人的「美德和虔誠。」「對真實、正義和慈善的持續關注，可以形成這些特殊美德的獨特習慣。」塔克發揮巴特勒「社會集體情感高於個人私利」的信，宣揚「我們每個人」可以「將政府憲法的公平性轉移到我們的整個個人性格中」，這不僅是為了「我們自己」的利益，也同樣考慮到「他人的意願」。

休謨對巴特勒在《佈道》和《類比》（一七三六年）中所表達的觀點，特別是附錄〈美德的本質〉印象深刻。休謨要出版《人性論》之前既興奮又害怕。有時他覺得自己寫的東西「高於雲霄」，有時又因懷疑和恐懼而感到沮喪。儘管他堅信他的思想，甚至他的語言都是全新的，但他仍需要別人的認可。他在一七三七年寫了一封信給亨利·霍姆，即未來的卡姆斯勳爵，希望由他來介紹自己給巴特勒，這樣就可以促使《講道》和《類比》的作者對手稿作出判斷。在信中休謨同意撤回關於奇跡的文章，不再列入該論文，以求得到巴特勒更正面的回應。最終休謨在《人性論》開頭的序言寫道：巴特勒主教與曼德維爾、洛克、沙夫茨伯里、哈奇森等人皆是「開始將人的科學置於一個新的立足點」的人們。

此外，休謨回應並概括了巴特勒關於「習慣」的論點，表明生活的幾乎所有重要方面都屬於習俗的範疇。按照休謨的說法，人是一種會形成習慣的動物：「我們的理性推理，以及我們的所有行為和慟感，最關鍵的部分只可能來自於習俗和習慣。」休謨在死後發表的《關於自然宗教的對話》（一七七九）似乎是針對巴特勒提出，休謨指出，從自然界推斷上帝本身並沒有什麼特別的幫助，因為它實際上並沒有告訴我們關於上帝的本性或善性。

巴特勒與商業界的關係很好，他收到了布里斯托爾商人贈送的雪松木，其中一些被他用於翻修家中的小教堂，其餘的被他帶到了杜倫，後來被巴林頓主教用於製作傢俱。塔克對商業問題的關注無疑也是由於他長期居住在布里斯托，這個港口城市的船隻經常從大不列顛的大西洋殖民地運來糖、咖啡、菸草和巧克力。巴特勒與布里斯托關係的一個重要中間人便是塔克，塔克是巴特勒的好友，巴特勒讓他成為自己的家庭牧師。塔克後來寫道，巴特勒習慣在自家花園夜間散步，而且和他的主教一樣，密切參與了新布里斯托醫院的發展。

一七三〇年代以降，衛理公會在布里斯托日益蓬勃發展，塔克的講道導致一七三九年八月巴特勒和約翰・衛斯理的一系列會面，在其中一次會面中，巴特勒對衛斯理說：「先生，假裝非凡的啟示還有獲得聖靈的祝福是一件可怕的事情，非常可怕的事情。」巴特勒要求塔克寫了《衛理公會原則簡史》這份小冊子，這是當時對衛理公會的眾多攻擊中最平衡、最敏銳的一個。衛斯理和懷特菲爾德在布里斯托礦區的受歡迎程度也使巴特勒相信，應該為布里斯托社會邊緣的未信教的勞動人民做些什麼。因此，他投注時間和金錢，花了四百英鎊購買土地，為建立新教區和勞動階層居住區域的新聖喬治教堂爭取必要的財政和議會支持。與此相關的是，他也支持由政府和教會成立慈善學校來提供下層民眾教育，他認為「最重要的是，兒童應該接受這樣的教育，提供學校給那些沒有機會接受這種教育的兒童，至少從表面上看，這應該是最理想的善舉中的一部分。」

威廉·霍加斯（William Hogarth, 1697-1764）的畫作《沉睡的教徒》。

此圖諷刺當時英格蘭國教會的教堂儀式往往毫無生氣，在某些情況下，鄉紳為了出席率體面，會強迫教區居民去教堂。在十八世紀的一些小說中，也不乏對於國教會牧師除了禮拜日講道以外其他日子皆不見蹤影的諷刺。不過，根據近年來學者的研究，十八世紀國教會仍有不少牧師意識到講道時的聲調和語彙會影響會眾的注意力，而亟思精進。此外，他們也積極參與社區的各種活動，例如安慰生病受苦的人，救濟貧困，自我定義為牧民的教育者和精神道德上的導師，而不僅僅是負責分發聖禮、講道而已。

1698-1779

William Warburton
威廉・華伯頓

威廉・華伯頓是英格蘭國教會的牧師，自一七五九年至一七七九年逝世為止，都擔任格洛斯特的主教，他也積極寫作、與他人論戰，並將詩人波普的作品編輯整理出版，同時也整理出版了莎士比亞的作品集。

一七三六年，華伯頓充分認識到宗教多元化所帶來的威脅，發表了《教會與國家的聯盟》（*The Alliance between Church and State*）。本書由於通過在俗世的實效而非神的認可來捍衛國教會，而受到其他教會人士的攻擊。然而，華伯頓確實成功地提出了一個很實際的辯護，即國家教會從屬於國家，但是後者也負有保護前者的責任。主教針對日益增長的廢除《地方公職法》和《檢覈法》的運動寫道，他將官方教會與容忍異己教派和排除異見者擔任公職聯繫起來。他說，有一個弊端。每當一個國家出現一種以上的宗教時，就會出現一種肯定而致命的危害。因為在後世，每一個教派都認為只有自己是真正的教會，或者至少是最完美的教會，自然想要改變其他教派。當爭論爆發時，政府力量就會介入，而不同教派都會想要去說服行政長官，使其認為這些宗教分歧與其利益有很大關係這方面非常成功。在十八世紀的歐洲，各國常常因這些鬥爭而陷入其中，

《普萊爾公園的詩人、艾倫與華伯頓》
（*Pope, Allen and Warburton at Prior Park*），E. Kilvert繪於1839-1865年。

拉爾夫・艾倫（Ralph Allen, 1693-1764）是當時的企業家、慈善家，
被稱為「巴斯人」；詩人則是指亞歷山大・波普（Alexander Pope, 1688-1744）。

對於這種動亂，最有效的補救辦法就是聯合起來，成立一個國教會，對其餘的教派給予充分的寬容，而不讓某些激進、具撕裂性的教派進入。

正因華伯頓認識到宗教在現代國家中不可避免地在政府中扮演著重要角色，所以他的作品在與主張世俗和精神權力分離的不服從國教會的新教徒的辯論中具有相當分量。華伯頓的論點在三十多年後仍然很有說服力，約瑟夫・普里斯特利就證明這一點，他指出「華伯頓的《聯盟》被普遍認為是對現行教會權威制度的最佳辯護，其他大多數作家的論點都來自於此。」

華伯頓為後人所銘記的一個理由是他對休謨的「懷疑論」及其對奇蹟之探討強烈反對，並出版各類著作加以抨擊。華伯頓說休謨是「一個無神論的詹姆斯黨人，一個在我們人類之中像駿鷹一樣罕見的怪物。」華伯頓在他為波普編輯的《文丑傳》中加上一則註腳註明寫作《人類理解論》的作者（休謨）是愚人，「他生來就蔑視他不瞭解的東西，他最不瞭解的東西也會被他最蔑視。」此外，華伯頓又說：「你們這些笨蛋！不要蔑視你們的上帝，這是笨蛋能學到的最難的一課。」性格溫和好與人交往的休謨面對華伯頓展現出難得的厭惡態度，他在致友人信中談到同樣批判他的約翰・布朗時這麼寫道：「聽說布朗是華伯頓那個卑賤傢伙的奉承者。要跟任何像華伯頓這樣低級的人，或者他的奉承者往來，我當然會感到羞愧而不願意。」當時著名的日記家霍勒斯・沃波爾則說休謨的「這本《英格蘭史》，雖然比以往的書都要受到譴責，而且肯定有缺點，但我情不自禁喜歡這本書。它被稱為詹姆斯黨人立場，但在我看來，它只是與喬治國王派的立場不同而已；在其他作家辱罵斯圖亞特王朝的地方，休謨卻嘲笑他們；我相信他不會放過斯圖亞特王室的大臣們。」

描繪詹姆斯黨人的天主教信仰，以及他們被法國所操縱的諷刺畫作。

畫面右方舞台上最左邊的是魔鬼，它的手捏著小王位覬覦者（邦尼王子查理）的下巴，而查理也與魔鬼握手；握著查理另一隻手的則是教宗。在他們上方則有諷刺羅馬教會的長袍、角錘和一個倒置的角杯，角杯裡頭飛出一些帶翅膀的小怪物。詹姆斯黨人的支持者和身穿格子衣服的蘇格蘭人跪在三人面前；一名耶穌會士和一名僧侶站在他們旁邊，前面是一群衣服上戴著十字架的天主教徒，他們在等待輪到自己做禮拜。畫面中央是衣著優雅的路易十五，正在拉小提琴；左方的女性是正在跳舞的女神不列顛尼亞，她放下了她的盾牌，但仍然拿著她的長矛。她的手被一個象徵愚蠢的小丑握著，小丑手裡拿著一個小飾品，腿上掛著小鈴鐺；他的肩上扛著一個象徵貧窮的衣衫襤褸之人，他正準備咬一個小麵包。畫面左邊的勤勉（industry）垂頭喪氣地看著跳舞的不列顛尼亞。背景是一座監獄，兩個法國人從裡面逃出來，一個說「英格蘭人是傻瓜」，另一個說「我要嘲笑他們」。

從重商主義過渡到自由貿易

經濟行為正是上帝對人世具有神聖計畫的明證

塔克在宗教事務以外花費不少時間撰寫討論商業的著作，受到一些教會人士的批評。當時擔任布里斯托總鐸的華伯頓便批評塔克「簡直將商業視為他的宗教」。[29]對此，塔克回應道：「我重視商業，這有任何錯嗎？我從未忽視對自己教區的職責，也不曾忽視教堂……眾人所不知道的是，我撰寫過將近三百篇講道詞，並且不懈地向信徒傳道。」[30]正如上述，塔克思想中的商業、政府與宗教三者是不可分割的，他主張：

> 只要是對於世界局勢嫻熟之人都能夠觀察到，一旦商業、政府與宗教之間緊密的關係被那些愚蠢的人給打擊、拆散後便墮落為迷信或是狂熱，政府將變成暴政，而商業則退化至獨占以及欺詐。[31]

塔克宣稱自己乃是基於倫理和宗教上的動機才著書探討商業，因為這個世界的經濟體系正是上帝對這個世界具有神聖計畫的明證。[32]

塔克認為「自利心」（self-interest）是上帝賜予人類的重要禮物，「過去那些研究商業的作家，他們總認為個人利益會與公眾利益相衝突。」他反對這種說法，像是他在《旅遊者指南》中（*Instructions for Travellers*）中便寫道：

立法機構要注意不要制定劣法，至於好的法律它們自然而然就會出現；也就是說每個人的自愛心與自利心會促使他們尋求這樣互利的獲利方式、職業與生活。他們藉由為自己著想的作為，同時促進了公共利益。[33]

塔克指出最好的方式就是將人類的自愛心導向適當的對象，立法者以此為目標所制定的政策將可以讓人不知不覺中在追求自我利益時與公共利益結合起來，而不會削弱任何一方：

……必須用一些方法來控制自愛，並且讓其在運作中被訓練及引導，其實這不會造成損害與不良的後果，而總是有益於公共利益。一旦發展出這樣適當的規範，所有人（無論他是否是自覺）在追求私人利益的同時，都會促進國家與全人類的利益。[34]

自利與公益有賴政府引導，方能相輔相成

學界一般認為在基督教思想傳統中，塔克這種對於自利、自愛的關注可溯源至十七世紀中葉法國的楊森主義者（the Jansenists）布萊茲・巴斯卡（Blaise Pascal, 1623-1662）與皮耶・尼可（Pierre Nicole, 1625-1695）等人。他們認為人類生來帶著原罪，因此心中最愛的永遠是自己，但是一個社會若以自愛作為指導原則，而不是以博愛來運作，也是可以維持下去。十八世紀初的維科（Giambattista Vico, 1668-1744）更進一步闡述：從貪婪和野心這些人類的惡習中，社會形成了商業和政治體制，進而改善了人們的財富和智慧；從這些必然會毀滅人類的惡習中，反而讓社會公民獲得幸福。[35]而十八世紀早期的英格蘭思想家伯納德・曼德維爾（Bernard Mandeville, 1676-1733）與休謨，針對私人之惡、自利心是否為人性的一部分，以及自私的人類如何可以組成社會等議題，也都在回應巴斯卡、尼可所提出的大問題。巴特勒與塔克思考自利、博愛等議題時也是源於這樣的思想脈絡。

巴特勒認為人在追求德行的過程中，同時也就在追求自利。他將人性的兩種特質分開討論，其一是人性對於自利的強烈追求，其二是人性對於公共利益的關注，他認為這兩者可以完美地互補且並行不悖。兩者之所以能夠達到一致，除了出自於理性，也是出自於本能。現實生活中，兩者自然而然地互相利用，在神恩的計畫下互相幫助，個人利益和社會利益同步增進，儘管身在其中的人自身絲毫沒有替其他人著想的念頭。[36]

塔克的觀點明顯可見其承繼巴特勒之處。塔克認為人類世界普遍的商業體系與真正的宗教和良好的政府一樣，都符合上帝的安排，三者都是上帝設計中的一部分，而且彼此互補並不抵觸。利己無疑是人類天性中相當重要的一部分，但是除此之外，天性中還有一股旗鼓相當的追求利他（benevolence）之力量。[37]塔克由此進一步延伸巴氏的說法，主張教會、政府成立的目的不是要消滅個人的自利心，反而是要將其引導至正確的方向，進而使商業活動同樣步入正軌。[38]從某種意義上說，宗教、政府和商業在各自的領域都能調節人們的慾望，並且將其引導至正確的方向與用途，使人類在現在和未來的生活中獲得幸福。塔克不認為放任自利心發展會自然吻合公共利益；相反地，他主張兩者若無政府的協助很有可能產生衝突，因此「自利的激情必須透過某些方式加以控制……使其永遠不會對公共福祉造成危害，而總是對其有所助益。」[39]人必須要在個人和公共層面上對自我利益進行適當的規範，方能達成私利與公利之和諧。

儘管自愛對人和社會有潛在的好處，但它存在自我毀滅之危險，因為自愛的人總想壟斷一切，忘記了自己之所以可以生存乃是仰賴他人的援助與合作。自愛自利是人類的本能，但若走偏方向將有害他人，進而使所有人無法生存下去，所以需要理性來幫助人類正確地運用它。

除了個人的自利心可能走偏，國家若一味著眼於本國利益，亦會陷入相同困境。因此，除了個人的自利心應被導引，國際貿易上的重商主義也應有所限制。雖然不可能完全限制自利，但是引導其方向卻大有可為，因為：

> 其主要的目標既不是要消滅或削弱自利，而是要指引其方向。如此一來，便能在追逐自利的同時促進公共利益，這股企圖獨占壟斷的欲望到頭來將更有利於整體利益之增長。[40]

政府有責任維持市場上的自由與平等，除了不應保護獨占者，還要同時落實貿易開放，讓最努力的商人與公司獲得更高的報酬。[41]在此原則下，新興的商業社會不僅能抹除不同地區之偏見，更能讓不同人群彼此寬容，[42]這些都正是神意之彰顯：

上帝創造了那麼多不同的土地，氣候，所以不同國家的人才能夠以各自所擁有的食物、產品來互通有無，也激發出互惠的產業。他們能夠將這種對雙方都有利的交流持續下去，追求普遍利他的目標。[43]

走在時代之先，力倡推翻重商主義，來一場商業上的光榮革命！

大不列顛於十八世紀上半葉有將近四成的國家收入仍來自農業，但與鄰國比較起來，其工商業快速成長，將近兩成稅收來自工業，百分之十六來自商業，另兩成來自服務業。[44]由於商業逐漸成為大不列顛的主要經濟來源，改革現有制度的呼聲日益加強，愈來愈多人主張目前政府對商業活動所施加的限制（如壟斷制度或是特許公司）削弱了生產力，塔克也是其中一員。[45]當時大不列顛採取的是國際盛行的重商主義，這種政策認定國家的貧富取決於擁有的貴金屬多寡，發展對外貿易以及擴張殖民地由於可增加貴金屬，故被視為國家強盛的關鍵。重商主義的另一個核心主張是國內一切經濟活動應由政府主導，國家利益的發展重於私人利益，政府必須以抑制進口和鼓勵出口的方式增加國家財富，同時特別注重與殖民地的貿易，因為殖民地能夠作為銷售的市場與原料的供給地。[46]塔克則反對重商主義這種以貴金屬為財富的觀念，主張國家「真正的財富是產業與勞工，貨幣只是它們的表徵而已。」[47]

重商主義的另一項錯誤是成立特許公司，塔克批評土耳其公司（The Turkey Company，成立於一五八一年，一五八三年與威尼斯公司〔The Venice Company〕合併為黎凡特公司〔The Levant Company〕，不過許多人仍慣稱新公司為土耳其公司）獨占市場對於大不列顛利益的損害，該公司為了哄抬物價，所以進出口的數量遠低於公司規模應有的數量，導致大不列顛人民無法以正常價格買賣商品，這便是土耳其公司的自利心走入歧途所造成之惡果。[48]政府此時便應介入並且加以導正，制定適宜的法律讓商業活動在健全的體系中運作，只要框架以及相關規範完善，人們在努力追求己身利益時必然也能增進國家之利益。[49]故塔克疾呼，當前的英格蘭亟需在商業上也進行一場「光榮革命」來治療這個痼疾：

> 英格蘭人在商業上仍然不是自由的，因為他雖然不像過去一樣受到王室的束

縛，但卻變成受到其同胞的束縛，我們需要在商業體制上進行一場如同我們在政治上極為成功的光榮革命。要到那個時候，我們才能聲稱掃除了所有古老專制權力的殘餘與野蠻性。只要這些特許狀以及獨占公司還存在著，我們便仍背負著長久以來的奴役。[50]

塔克主張大不列顛的貿易政策應採取相當程度的自由貿易，其思想背景一部分可以參考當時在大不列顛頗具影響力的法國思想家孟德斯鳩。孟德斯鳩主張「和善的商業」（法文：doux commerce，英文翻譯為 gentle commerce），他相信商業能夠推動文明價值觀的傳佈，這是「一個完美、互利的交易關係，在這群有教養國家的合作之中，所有成員都能夠富有，也能不斷進步」[51]：

貿易可以醫治破壞性的偏見。正因為如此，凡是習俗溫良的地方，必定有貿易；凡是有貿易的地方，習俗必定溫良。這幾乎是一條普遍規律。[52]

孟德斯鳩雖然也注意到商業與國際貿易背後的妒忌（jealousy）與惡意，[53]不過大抵而言，在十八世紀中葉以降的討論中，他與其他知識人依然多是就國家的強盛為核心來思考商業。[54]

這也凸顯出塔克的基督教博愛思想如何深刻體現於他的經濟思想，他認為「……上帝的旨意是人類之間普遍存在著相互依賴和聯繫，我們發現任何國家都幾乎不可能……獨立於他們所有的鄰國而生活。」[55]

塔克這種正面肯定商業的立場，有別於其他視商業環境與國際戰場一樣充滿敵意的作家。當時曼德維爾在《蜜蜂的寓言》一書所鼓吹的「私人惡習為公共利益」論點極具爭議性，塔克批評曼德維爾的假設不僅危險而且荒謬，有德行可以讓國家商業繁榮昌盛，而各種惡習就算沒有立即的負面惡果，長期而言也會對國家的商業造成損害。[56]

塔克除了堅信國際貿易的正面影響力，也主張國際貿易應以和平的方式進行，而非採取武力手段。除了孟德斯鳩《論法的精神》，休謨的〈論商業〉中對於商業來的正面效果，也是當時塔克可能的對話對象。不過，無論是孟德斯鳩或是休謨，兩人都對於商業貿易背後可能蘊藏的惡意與衝突感到憂心；相對而言，塔克則認為商業是上帝對於世界良善且完美的安排，因此他所著重的始終是商業帶來的和平與均衡。

塔克反對當時大不列顛那些沈醉於軍事勝利的論調，他反對征服遙遠的國家以獲取經濟資源。他勸誡那些醉心於海外征服的同胞，靠掠奪而來的財富非但不會讓國家富有，反而會使國家陷入貧窮，古羅馬以及西班牙帝國的衰亡便是活生生的教訓。他說：

> 難道國家要用空虛的軍事名聲來填飽國民的肚子嗎？這種對軍事榮譽的重視完全忽略了人民的性命與權利，以及維持社會進步的重要性。[57]

自由貿易誠可貴，國家利益仍是至高追求

塔克固然主張在大多數情況下應廢除阻礙貿易的法規，但在英法貿易競爭的議題上，他卻支持大不列顛採取措施以維持對法國的領先，不能聽由市場決定。同樣地，雖然他反對國家扶持獨占企業或特許公司，但國家利益仍是最高考量，是故他反倒建議補貼國內剛起步的產業，「在鼓勵新貿易發展上，應該要考慮到每個行業在發展之初就如同嬰孩一般，尤其是在資金方面必須給予相當的呵護。」[58]不過補助在產業開始茁壯後就必須停止。[59]要言之，政府必須要讓所有人站在公平的立足點，而不應該

讓某些特定公司獨大。自由貿易與競爭是促進國家商業的最佳動力，但是國家整體的利益仍是終極的考量。因此，如果有限度的自由貿易對國家更為有利，他也會出於必要性而毫不猶豫支持。例如，他主張政府應該用重稅抑制國內原物料直接出口，並採取零關稅政策鼓勵他國原物料進口至本國。[60]政府若是為了增加國內的人口，在一定程度上可以犧牲人民的自由，因為一國的人口數字乃是其國力盛衰的具體呈現：

勞動力而非貨幣方為人們的財富。擁有最多勞動力的國家顯然擁有一定的優勢。[61]

人口多寡決定了國家的強弱，一旦國家人口開始減少，人民在尋找工作等經濟活動上便會因為缺乏競爭而趨於懶散。再者，人口減少會造成各行各業的人力無法應付生產需求，國家財富將日益被少數大家族壟斷。為了避免這樣的窘境，政府必要時應該鼓勵人們結婚生育，並且推動吸引外國移民的政策；甚至對於單身漢加重課稅，促使他們結婚。[62]顯然在塔克的思想中，國家整體的利益重於個人自由，為了社會整體利益，裁罰單身漢亦是理所當然。

權宜中道的政治觀

支持維護社會階級現狀——「制度乃現實的反映」

就政治上，塔克既抨擊戰爭、殖民與奴隸制度，亦強烈反對賦予平民過多權利。誠如上述，塔克重視現實，認為存在的本身就體現出正當性，正如羅馬政府起初獲得政權的手段並不正當，但是一旦它開始執政後，若善盡政府的義務，塔克認為人民就應該加以服從。「事實上的國王」（king de facto）或是「合法的國王」（king de jure）都具有相同的權力與正當性。或許當前的英格蘭政府取得政權的正當性有其為人詬病之處，但一旦該政權已經穩固下來，而且治理得井井有條，那麼該政府的正當性以及統治的有效性便無法被否認。[63]

關於人民的政治權利，塔克雖承認人民擁有所謂的抵抗權，但是人民卻不能夠因為一個政府的成立不合乎某些人認定的正當程序而加以推翻。像是威廉三世在光榮革命後已經與人民建立契約關係，除非其政府鑄下大錯，否則這種契約關係便不應該被終止。[64]不過塔克並未就「大錯」加以定義。他大抵指出平民雖有一定的反抗權，但唯有當「服從政府的後果遠遠嚴重於反抗政府」的時候，方能發動推翻政府的行動，並且必須非常審慎地評估當時的實際情況。[65]英格蘭的政府或古憲法都是長時間累積而成，並非依照某些人主張的抽象政治原則憑空建立。他認為那種抽象的權利說，會讓平民的權力凌駕於國會之上，將英格蘭長久以來的憲政傳統破壞殆盡。[66]

塔克引用了《聖經》中《耶利米書》（*The Book of Jeremiah*）著名的譬喻來論證英格蘭社會中存在上下階級的合理性。他認為陶匠與陶土的比喻說明了為何上帝在這個世界創造那麼多不同的人、不同的社會階級：

> 如果我們仔細考察世界上不同生物當中的分類、層級（subdivisions），我們會發現當中每個人皆充滿了高度複雜性。誰能夠質疑創造出這些分類、層級的陶匠呢？[67]

中下階層百姓應該遵照上帝安排，誠心服從社會上級階層的領導。塔克高度懷疑下層民眾的政治能力，像是他們往往在國會議員競選活動中引起騷動，「彷彿以為競選活動能讓他們免於一切限制，甚至可以要求富人對他們示好，然而這根本違背了社會的正當性與適切性。」[68]另一方面，平民力量的崛起對於國內局勢的穩定亦有迫切的危險，因為當時許多民眾很輕易被煽動去歧視或攻擊外國人、猶太人，並對海外的殖民成果好大喜功而疾呼國家繼續擴張殖民範圍。對塔克而言，民眾所鼓吹的意見絕大多數都是錯誤的，也因此政府有必要去限制他們的政治權利，以免他們具備影響政治的力量進而將大不列顛推向危險之中。[69]在塔克眼中，絕大多數的平民好吃懶作，成日縱樂，他們的品行與能力並不足以做出明智的決定。[70]國會應該制定新法令限縮投票資格，一般自由民（freeholder）原先擁有四十先令（即兩英鎊）[71]或即具備投票資格，塔克則認為應該提高十倍到二十鎊，[72]藉此縮減當前擁有投票權的大不列顛公民人數，如此則國內政治局勢將會往更好的方向發展，塔克支持「將投票的資格限定在那些頭腦清楚、具備德行的人，並將那些墮落、揮霍的人排除在外。」[73]

要言之，國家利益是塔克心之所繫的最高原則，雖然他主張政府應照顧窮人，但是基於國家穩定的考量，犧牲平民的一些權益也在所難免。面對平民爭取投票權的訴求，塔克與其他政治上持保守立場的人士皆抱持反對立場，他們認為：窮人因缺乏教育，因此意見易受他人操縱。國會立法最主要的目標是要保護國民的財富，讓那些已經擁有相當財富不易被利誘的人來決定，自然是最佳選擇。塔克認為政治勢力應呈現社會現況，因此有錢人在國會中擁有較大的影響力十分合理。正如學者哈利・狄金森

（Harry Dickinson）所言，保守派慣用的論調是「制度乃是社會現實的反映」，他們承認政府與人類自身都是不完美的，所以優掖（patronage）制度這種必要之惡必須存在，這表現出一種對於現狀合理化的權宜態度。易言之，或許政治上的優掖制度會有不好的結果，但是為了現狀的穩定，仍有存在之必要。[74]

反戰——商業帝國才是國家強盛的唯一之道

在國際政治上，塔克反對以戰爭解決爭端。但他也明白，其實世界各國都明白戰爭對交戰國家弊大於利，但是總有國君將領沉迷於毫無意義的榮譽，不斷發動戰爭。塔克的反戰思想自然也與基督教教義有關。他在一場講道辭中說道：

> 對國家的愛，不應該超出抵抗入侵者的正當自衛，基督教的教義亦復如此。所謂的征服之榮耀這些常被與愛國心等量齊觀的說法，則是完全與基督教教義不符，更與愛國心毫無關係。[75]

許多國家的人民以為在戰爭中得勝是國家的榮耀，有助於人民的至高幸福，但這絕對是錯誤的，因為歷史上最驍勇善戰的君王往往對其國內民眾最為殘暴。[76]在今日商業社會的時代下，以力服人的征服帝國（empire of conquest）已經沒有存在的必要，商業帝國（empire of commerce）才是國家存在的最佳形式。因為商業帝國透過貿易便能賺取財富，而不必仰賴損人不利己的武力掠奪。縱使大不列顛具備擊敗他國的的軍事力量，但是戰爭並不會降低大不列顛製造商品的成本，無助於大不列顛在國際貿易競爭中勝出。再者，能夠製造價廉物美商品的國家才能增加出口額——而侵略他國既無法壓低價格，也無法提升品質——無論打了多麼漂亮的勝仗，國家也無利可圖。與其如此，不如透過商品實惠的價格更能吸引顧客，也為國家強盛帶來更多助益。[77]

從上述各面向的探討，可以觀察出塔克是一位謹守英格蘭國教會正統的神職人員，對於《三十九條信綱》、《檢覈法》以及君主的主教任命權無不全力捍衛，而當信仰自由與國家利益有所衝突時，總希望能夠在影響信仰自由最小的程度下，最大程度地維護國家利益，本書稱其為一種「權宜」態度，其實這也是多數國教會成員行事與思想的特色。這種價值觀也主導了塔克的經濟與政治見解，他認為依循自由放任的原則是商業運作的最佳方式，所以他才能夠早於許多同代人，而對當時仍是大不列顛主流思想的重商主義大加批判，並主張大不列顛應該以自由貿易作為與其他國家貿易的原則。然而，當自由貿易與國家利益有所矛盾時，塔克心中的最高考量仍是國家利益，寧可為此妥協部分的自由貿易原則。像是北美殖民地的存在，雖然有違自由貿易，但如果它能帶給大不列顛相當收益，並且作為大不列顛在大西洋上的重要戰略要地，他便不堅持其立場。在政治觀念上，基於基督教神愛世人的信念，塔克認為政府應該救濟並且教育窮人，不過為了政權的穩定，這些未受教育的民眾並不擁有所謂的政治權利，他更反對可能導致國家動亂不安的普遍民主制。

然而，時代的巨輪不斷前進，一七七五年，當美國獨立戰爭開打，來自殖民地的強烈反抗衝擊了大不列顛在政治和經濟上的既有秩序，以塔克重視現實的權宜中道觀念，他將如何思考這個國家面臨的新困局？——或許令人意想不到，答案竟是「主動放棄北美殖民地」。下一章將透過本章討論的諸面向，更細緻地呈現塔克的思索之路。

本章註

1 趙林，〈英國自然神論的興衰〉（代序），收入約瑟夫・巴特勒著，聞駿譯，《自然宗教與啟示宗教之類比》（武漢：武漢大學出版社，二〇〇八），頁二十九、三十一至三十二。

2 Pierre Force, *Self-Interest before Adam Smith: A Genealogy of Economic Science* (Cambridge: Cambridge University Press, 2003), pp. 81-82.

3 Josiah Tucker, *A Brief and Dispassionate View of the Difficulties Attending the Trinitarian, Arian, and Socinian Systems* (Glocester: R. Raikes, 1774), p. 22.

4 Josiah Tucker, *An Apology for the Present Church of England as by Law Established, Occasioned by a Petition Laid before Parliament, for Abolishing Subscription*, 2nd edn (Glocester: R. Raikes, 1772), p. 20.

5 Josiah Tucker, *A Brief and Dispassionate View of the Difficulties attending the Trinitarian, Arian, and Socinian Systems*, pp. 10-12.

6 Josiah Tucker, *Six Sermons on Important Subjects* (Bristol: S. Farley, 1772), pp. 23-24, 39.

7 Josiah Tucker, *Reflections on the Expediency of a Law for the Naturalization* part I (London: T.Tyre, 1751).

8 Josiah Tucker, *Reflections on the Expediency of a Law for the Naturalization of Foreign Protestants*, Part I, pp. 13-14. 關於當時英格蘭對猶太歸化法案的爭議見Linda Colley, *In Defiance of Oligarchy: the Tory Party, 1714-60* (Cambridge: Cambridge University Press, 1992), pp. 155-156; Thomas Perry, *Public Opinion, Propaganda, and Politics in Eighteenth-Century England: a Study of the Jew Bill of 1753* (Cambridge Mass.: Harvard University Press, 1962), p. 178.

9 Josiah Tucker, *The Elements of Commerce and the Theory of Taxes*, p. 134.

10 Josiah Tucker, *Second Letter to a Friend Concerning Naturalizations*, pp. 19, 24.

11 Ibid, pp. 41, 32-33.

12 Jonathan Karp, *The Politics of Jewish Commerce: Economic Thought and Emancipation in Europe, 1638–1848* (Cambridge: Cambridge University Press, 2008), pp. 77-79.

13 John Locke, *A Letter Concerning Toleration*, ed., Patrick Romanell (Indianapolis: Bobbs-Merrill, 1955), pp. 17-19.

14 John Locke著，吳雲貴譯，《論宗教寬容》（北京：商務印書館，二〇〇九），頁八。

15 Paul Langford, *A Polite and Commercial People: England 1727-1783* (Oxford: Oxford University Press, 1989), p. 292.

16 David Hempton, *Methodism: Empire of the Spirit* (New Haven: Yale University Press, 2005), pp. 41-42.

17 Peter Gay著，劉森堯、梁永安合譯，《啟蒙運動：自由之科學》（臺北：立緒，二〇〇六），頁四二三。

18 Josiah Tucker, *Second Letter to a Friend Concerning Naturalizations*, pp. 31, 42-43.

19 Peter Nockles, *The Oxford Movement in Context: Anglican High Churchmanship, 1760-1857* (Cambridge: Cambridge University Press, 1994), p. 53.

20 H.T. Dickinson, "The Eighteenth-Century Debate on the Glorious Revolution," *History* 61(1976), pp. 28-45.

21 Josiah Tucker, *Instructions for Travelers* (Dublin: William Watson, 1758), p. 12.

22 David Sorkin, *The Religious Enlightenment*, pp. 34-35.

23 William Warburton, *The Alliance between Church and State* (London: Fletcher Gyles, 1736), p. 296.

24 Josiah Tucker, *An Apology for the Present Church of England*, p. 8.

25 Anthony Page, *John Jebb and the Enlightenment Origins of British Radicalism* (Westport, Conn.: Praeger, 2003), pp. 58-59.

26 Josiah Tucker, *Seventeen Sermons on Some of the Most Important Points on Natural and Revealed Religion, respecting the Happiness Both of the Present, and of a Future Life: Together with an Appendix, Containing a Brief and Dispassionate View of the Several Difficulties Respectively Attending the Orthodox, Arian, and Socinian Systems in Regard to the Holy Trinity* (Glocester: R. Raikes, 1776), pp. 285-286.

27 Josiah Tucker, *Letters to the Rev. Dr. Kippis*, p. 65.

28 Josiah Tucker, *Elements of Commerce and Theory of Taxes*, pp. 5-8.

29 John S. Watson, *The Life of William Warburton, D.D., Lord Bishop of Glocester from 1760-1779: with Remarks on His Works* (London: Longman, Green, Longman, Roberts & Green, 1863), p. 496.

30 *The Annual Register or A View of the History, Politics, and Literature for the Year 1799* (London: T. Burton, 1801), p. 354.

31 Josiah Tucker, *Elements of Commerce and Theory of Taxes*, p. 8.

32 Josiah Tucker, *Reflections on the Expediency of a Law for the Naturalization* part 1, p. vi.

33 Josiah Tucker, *Instructions for Travellers* (Dublin: William Watson, 1758), p. 48.

34 Josiah Tucker, *The Elements of Commerce and the Theory of Taxes (1755)* (New York: S.R. Publishers, 1970), p. 9.

35 Albert O. Hirschman, *The Passions and the Interests: Political Arguments for Capitalism Before Its Triumph* (Princeton, NJ: Princeton University Press, 1977), pp. 16-17.

36 Pierre Force, *Self-Interest before Adam Smith: A Genealogy of Economic Science* (Cambridge: Cambridge University Press, 2003), pp. 81-82.

37 Jonathan Karp, *The Politics of Jewish Commerce*, p. 81.

38 Josiah Tucker, "Sermon I," in Josiah Tucker, *Four Tracts*, pp. 5, 11.

39 Josiah Tucker, *Elements of Commerce and Theory of Taxes*, p. 61.

40 Ibid, p. 59.

41 Ibid, pp. 58-60, 90-91, 177.

42 Ibid, pp. 40-42, 58-60.

43 Josiah Tucker, *The Case of Going to War: For the Sake of Procuring, Enlarging, Or Securing of Trade* (London: R. and J. Dodsley, 1763), p. 32.

44 Ellis Wasson, *A History of Modern Britain: 1714 to the Present*, p. 11.

45 Bob Harris, *Politics and the Nation: Britain in the Mid-Eighteenth Century* (Oxford: Oxford University Press, 2002), p. 239.

46 Sylvana Tomaselli, "Mercantism," in Roy W. Yolton ed., *The Blackwell Companion to the Enlightenment* (Oxford: Blackwell, 1991), pp. 327-328.

47 Josiah Tucker, *The Elements of Commerce and Theory of Taxes*, pp. 146, 166.

48 Josiah Tucker, *Reflections on the Expediency of Opening the Trade to Turkey*, pp. 4-6, 9.

49 Josiah Tucker, *Instructions for Travelers*, p. 48.

50 Josiah Tucker, *The Elements of Commerce and Theory of Taxes*, p. 136.

51 Anthony Howe, "Resorting Free Trade: The British Experience, 1776-1873," in Donald Winch and Patrick O'Brien eds., *The Political Economy of British Historical Experience, 1688-1914* (Oxford: Oxford University Press, 2002), p. 195.

52 Montesquieu著，許明龍譯，《論法的精神》上卷（北京：商務印書館，二〇〇九），頁三四五。不過近來的研究紛紛指出，孟德斯鳩這種商業能軟化風俗並抑制帝國發展的理想，實際上的影響力與流傳程度並不高。

53 Celine Spector, *Montesquieu et l'émergence de l'économie Politique* (Paris: Honoré Champion, 2006), p. 187.

54 Sophus A. Reinert, "Wars and Empires," in *A Companion to Intellectual History* (New York: John Wiley & Sons, Ltd, 2015), p. 408.

55 Josiah Tucker, *A Brief Essay on the Advantages and Disadvantages Which Respectively Attend France and Great Britain, with Regard to Trade: With Some Proposals for Removing the Principal Disadvantages of Great Britain in a New Method*, 3rd ed. (T. Trye, 1753), p. ii.

56 Joost Hengstmengel, *Divine Providence in Early Modern Economic Thought* (New York: Routledge, 2019), p. 160.

57 Josiah Tucker, *The Case of Going to War*, p. 13.

58 Josiah Tucker, *Elements of Commerce and Theory of Taxes*, p. 132.

59 Josiah Tucker, *Instructions for Travelers*, p. 27.

60 Ibid, p. 59.

61 Josiah Tucker, *A Brief Essay on the Advantages and Disadvantages, which Respectively Attend France and Great*

Britain: with Regard to Trade (London: T.Trye, 1749), p. 8.

62 Josiah Tucker, *The Elements of Commerce and Theory of Taxes*, pp. 62-67, 77-78.

63 Josiah Tucker, *Two Dissertations on Certain Passages of Holy Scripture* (London: T. Trye 1749), pp. 40-45.

64 Josiah Tucker, *A Calm Address to All Parties in Religion Whether Protestant or Catholick, on the Score of the Present Rebellion: Being a Brief and Dispassionate Inquiry, Whether the Reign of the Pretender Would Be Advantageous to the Civil Interest and Commerce of Great Britain* (London: J. Oliver, 1745), pp. 58-59.

65 Josiah Tucker, *Two Dissertations on Certain Passages of Holy Scripture*, p. 47. 參見Robert Hole, *Pulpits, Politics and Public Order in England, 1760-1832* , p. 53.

66 H.T. Dickinson, *Liberty and Property: Political Ideology in Eighteenth-Century Britain* (London: Methuen, 1977), p. 299.

67 Josiah Tucker, *Six Sermons*, p. 13.

68 Josiah Tucker, *An Brief Essay on the Advantages and Disadvantages Which Respectively Attend France and Great Britain*, p. 46.

69 Josiah Tucker, *Letter to Dr. Birch Dec 20, 1756.* 轉引自Walter E. Clark, *Josiah Tucker, Economist*, p. 94.

70 Josiah Tucker, *A Sermon Preached in the Parish-Church of Christ-Church, London, on Wednesday May the 7th, 1766* (London: J. and W. Oliver, 1766), pp. 19-22.

71 二十先令為一磅，四十先令為兩磅。

72 B. W. Young, "Christianity, Commerce and the Canon: Josiah Tucker and Richard Woodward on Political Economy," *History of European Ideas* 22, no. 5–6 (September 1, 1996), p. 387.

73 Josiah Tucker, *Instructions for the Travelers*, pp. 74-75.

74 H.T. Dickinson, *Liberty and Property*, pp. 278-280.

75 Josiah Tucker, *Seventeen Sermons*, pp. 285-286.

76 Josiah Tucker, *The Case of Going to War*, pp. 10-14.

77 Ibid, pp. 40-41.

第三章　塔克思想與美國獨立運動

早在一七四九年，塔克就推論北美殖民地一旦意識到他們可以不依靠大不列顛而自力更生，便會立即尋求獨立。當北美殖民地與大不列顛衝突逐漸加溫，他更不斷呼籲大不列顛應該放棄北美。一七六六年，塔克與柏克爭論時指出，大不列顛與北美的分離無可避免，柏克鼓吹雙方和解的主張完全不切實際，並在隨後的幾本著作中進一步強調放棄北美殖民地對於大不列顛有益無害；保留殖民地並不能替大不列顛帶來獲利，相反地，與北美貿易帶給大不列顛的利潤遠低於預期。塔克預測殖民地獨立後將陷入混亂，最終仍會與母國締結同盟關係，這也正是他對北美事務多少抱持樂觀態度的原因。然而塔克對於殖民地的看法是與時推移的，並非一成不變，以下依照時序呈現其思想的轉化歷程。

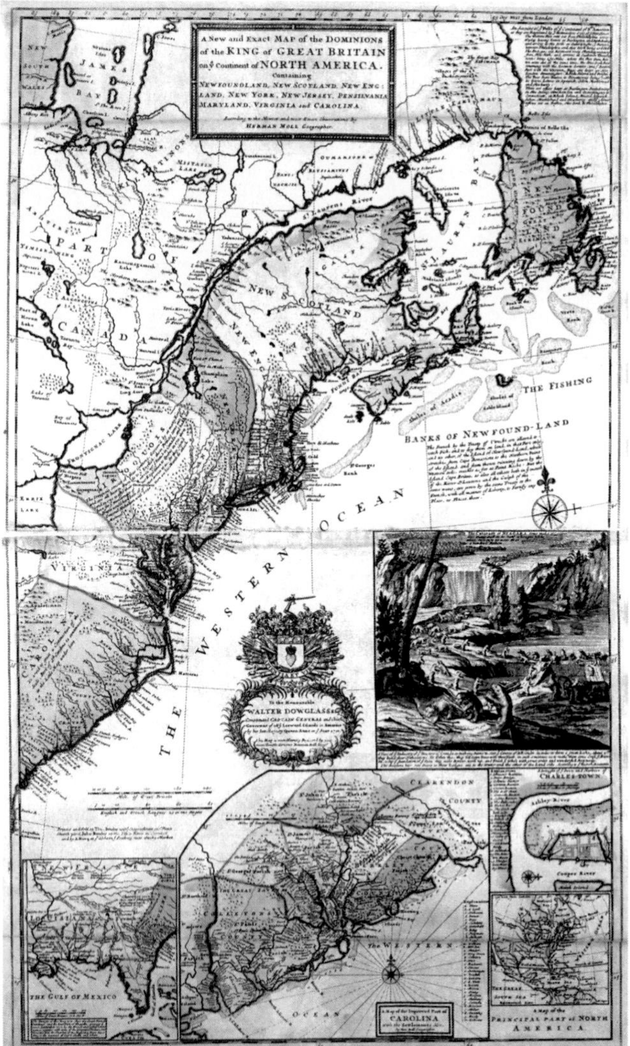

大不列顛王國在北美大陸的領土地圖：包含紐芬蘭、新蘇格蘭、新英格蘭、紐約、紐澤西、賓夕維尼亞、馬里蘭、維吉尼亞和卡羅來納（1730年代發行）

獨立戰爭前的塔克觀點

殖民地或有利於帝國經濟，但非國家唯一的獲利方式

一七四〇、五〇年代的塔克並不反對大不列顛擁有殖民地，雖然一七四九年他已在作品中提及，英屬北美殖民地對歐洲的出口量不斷擴張，因此開始在經濟上有逐漸獨立於大不列顛的跡象，他的觀察是：

> 在可以預見的未來，殖民地不僅開始設立自己的工廠與我們的對抗，也會向外國人購買奢侈品以及精緻的產品。殖民地至少有三分之一的商品是由其他國家所進口，其中法國是最大的來源……一旦美洲人民認為自己在經濟上能自給自足，他們便會脫離大不列顛而獨立。[1]

不過此時的塔克仍懷抱被習慣稱為重商主義的觀念，認為殖民地作為帝國的海外市場以及原物料的來源有利於母國，因此與殖民地貿易愈密切，對母國的經濟、產業發展愈有幫助，正如他當時認為政府應該鼓勵北美殖民地生產大不列顛海軍所需的物資，

這樣一來便可以省下向波羅的海國家購買的費用。[2]在一七五二年之前，他也都還支持政府應該補貼本國出口的穀物。

不過塔克的想法隨著時間漸漸轉變，研究指出，這和他當時與查理・湯森（第三代湯森子爵，Charles Townshend, 3rd Viscount Townshend, 1700-1764）的交流有關，湯森改變了塔克的想法，開始認識到這種補助「傷害國家比幫助的成份還多」。[3]一七六三年，時任貿易部長（First Lord of Trade）的威廉・佩蒂（第二代謝爾本伯爵，William Petty 2nd Earl of Shelburne, 1737-1805）詢問塔克大不列顛應該如何治理西印度群島時，塔克的答覆已明顯有別於過往：

> 這些島嶼還有其他距離母國相當遙遠的各種掠奪來的成果，不值得我國在它們身上花費龐大的人力與物力。[4]

一七六五年北美印花稅的風波及其在大不列顛所激起的辯論，也讓塔克對殖民地的想法逐漸轉變。[5]當時開徵印花稅的背景是，在倫敦的首相喬治・葛蘭維爾（George Grenville, 1712-1770）主張大不列顛在七年戰爭時為了保護北美殖民地，招募了大批軍隊，也因此扛下鉅額負債。戰後為了解決這筆債務必須在國內以及北美殖民地增加賦稅。葛蘭維爾為了減輕政府的財政壓力，首先於一七六四年通過《糖稅法》（*Sugar Act*）對北美殖民地進口量最高的商品——法國糖——加以課稅，特別是加勒比海的糖蜜，這也是北美消費量龐大的萊姆酒的原料。葛蘭維爾以強硬的手段通過一加侖糖蜜徵收三便士的糖稅。不過，糖稅的收入仍然不足以支付大不列顛在北美的行政、軍事支出；葛蘭維爾復於一七六五年計畫向北美殖民地人民加徵印花稅，要求所有殖民地的印刷品如報紙、小冊子和遊戲紙牌等都要貼上印花稅。

這項法案引起當時北美居民的強烈不滿，他們使用宣傳、不進口協議和群眾暴力等手段阻止《印花稅法》實施。殖民地的不滿情緒自一七六三年至一七六四年間一直在醞釀，直到一七六五年十月在紐約召開的為期兩周的「印花稅法會議」（Stamp Act Congress），不滿推至高潮。來自九個殖民地州的二十七名代表出席了會議，其中包括紐約、南卡羅萊納、馬薩諸塞和賓夕法尼亞等地。該會議在一七六五年十月向倫敦的國會遞送了一份正式抗議。他們提出的抗議主要涉及稅收：從大英帝國領土以外所進口的糖蜜課稅的《糖稅法》，當然也包括了上述新要課徵的印花稅。[6]《印花稅法》會議中的各州代表們聲稱將會聯合抵制進口大不列顛的奢侈品，若是母國政府強制對沒有代表權的人民徵稅，亦即違反了大不列顛的憲政原則。他們也主張如果政府要向他們徵稅，必須先賦予他們在國會的代表權，[7]

殖民地終歸會選擇踏上獨立之路

在這場關於北美十三州殖民地的爭議中，塔克表現得如同對殖民地積怨已久，因為他此時已清楚佔領殖民地並非國家唯一的獲利方式。再者，母國無論如何保護殖民地，殖民地人民基於自然演進的原則終會尋求獨立，那麼母國發動這些戰爭不僅徒勞無功，還會讓本國的經濟壓力大增。[8]塔克在一七六六年所發表《倫敦商人寫給在北美的姪子的一封信》，便大加批判北美十三州要求代表權的主張。他指出這些北美居民的祖先無疑是從大不列顛向外移民的大不列顛國民，他們無疑有遵守大不列顛法律的義務，而繳稅便是其中之一，除非政府豁免了他們的責任，否則這種責任將一代一代延續下去，至少目前北美殖民地的特許狀上並未免除他們的繳稅義務。塔克也運用實際代表（virtual representation）的概念反駁了殖民地人民對代表權的要求，他指出當前國會的議員已經代表全體國民，其中當然包括了北美十三州的人民，國會中早已有能夠代表他們的議員，他們的抗議完全沒有道理。[9]正如當時一位支持大不列顛政府人士所言：「大不列顛九成的民眾都沒有下議院議員的投票權……但是他們確實是組成下議院的重要成員：他們在國會中被代表的實質性，跟那些有投票權的人相同。」[10]

面對當前的北美問題，塔克認為大不列顛政府有三種解決方式：軍事征服、維持現狀與斷絕從屬關係。大不列顛若訴諸軍事手段，雖然能夠得勝，卻是百害無一益，所以塔克反對這個選項，因為：

> 讓殖民地的人民成為一群戰敗者根本毫無好處，同時也無法提升貿易量。就像一個小店主不可能藉由毆打它的顧客得到更多收入，而適用於小店主的這個信條，也是適用於「大不列顛」這個商業國家。[11]

那麼維持現狀的方式呢？這正是當時大不列顛政府所採取的政策，塔克認為情況若拖延下去只會更加惡化甚至無法解決。[12]第三種方法是與北美殖民地斷絕從屬關係，讓他們失去與大不列顛貿易上所享有的優惠與補助，大不列顛也將因此獲益，不僅減緩大不列顛人口的外移，也能省去過往必須耗費在殖民地的龐大金額。況且大不列顛與北美殖民地一旦結束從屬關係，雙方的貿易關係將能步入正軌，因為北美商人過去長久以來以殖民地的關係作為藉口積欠大不列顛商人的債務。當時有些人主張大不列顛若失去北美洲殖民地貿易量將銳減，其經濟將連帶受到拖累，塔克認為這毋須擔心，因為大不列顛與北美在商業關係上相輔相成，無論進出口貿易都是彼此最適合的夥伴，所以北美殖民地就算獨立，未來依然會與大不列顛保持緊密的貿易關係，

北美居民就算獨立，也無法承受停止與大大不列顛貿易的後果。他們甚至會後悔，並且希望再次重新回到大英帝國懷抱之中。[13]

塔克在另一本作品指出北美殖民者的不滿並非突然出現，早在一六七〇年代已有跡可循，他們現在所謂的理由不過是個藉口。再者，《印花稅法》並不是重點，因為任何規定北美居民必須繳稅的法案都將引起不滿。之所以在這個時候釀成騷動，背後的原因其實是自從一七六三年大不列顛取得加拿大的統治權後，北美居民不再需要擔憂外國勢力的威脅，開始認為不再需要大不列顛的保護。他們同時也對於日益嚴格的管理感到厭煩，尤其大不列顛近來嚴加取締走私行為，讓不少北美商人損失慘重；其次，北美居民長期虧欠大不列顛政府大量債務，因為屢被催債所以心生不滿；最後，

同時也是最重要的因素是，北美殖民地的居民自認幅員廣闊，企圖自立為王，不願意繼續服從大不列顛這個島國的統治。因此，塔克在北美居民尚未高倡獨立之前，便向他們亮出這個選項：

你們希望自立為一個新帝國，不再從屬於大不列顛。這是你們最高的企圖與渴望，而此原則在你們所有的演講與著作中表露無遺，雖然你們耗費不少氣力企圖掩藏。[14]

雙方衝突日益加劇。波士頓傾茶事件後，倫敦國會在一七七四年五月到六月間通過了一系列的《強制法案》（*Coercive Acts*），其中包括《波士頓港口法》（*The Boston Port Act*），該法案強制關閉了波士頓港，直到北美居民賠償完畢傾茶事件造成的損失，才會再度開放港口；同時法案也修改了麻薩諸塞州的特許狀，不僅剝奪了原本賦予人民的參政權，還將麻州議員改由總督直接任命。北美居民對這些法案相當不滿，不久北美各殖民地的代表齊聚費城，通過《權利宣言》（*The Bill of Rights*），主張北美洲的人民既是大不列顛國民，便應享有大不列顛人的所有權利，並且要求大不列顛政府撤銷《強制法案》，法案撤銷之前，北美洲將停止與帝國的一切貿易。

由保留到放棄的轉向

北美殖民地是懸在大不列顛脖子上的一塊重擔

英美的緊張關係在一七七四年之後已經升高至劍拔弩張的局面，而塔克的分析則與幾年前相去不遠，只是筆觸的敵意稍微和緩。他的論點比過去更為明確：殖民地追求獨立是隨著時間演進一定會出現的，而且當他們發現自己可以獨立生存時，獨立的聲浪自然會快速蔓延。北美殖民地的人民已經享有相當的政治自由，而大不列顛征服加拿大之後又讓他們不再擔憂外敵進攻，所以大不列顛目前對於北美十三州的主權已經無法有效地伸張。[15]當時大不列顛政府在北美遇到的困難就是，一旦想要向他們徵收稅賦，就無法繼續與他們貿易。由於塔克不再被重商主義的原則限制住思考，所以在他看來這已經不構成問題了：

> 假設北美洲跟我們現在彼此獨立，那麼我們就必須要回答一個問題，這些殖民者跟其他歐洲國家交易的好處會比跟大不列顛交易來得優越嗎？如果與其他國

家貿易得益更多，他們肯定會與之交易；否則，我們仍然可以獲得北美洲的關稅，儘管我們不再擁有支配他們的權威以及司法權……因為大不列顛的貨物就是比歐陸其他國家便宜。[16]

大不列顛的商品物美價廉，無法被取代，所以就算放棄與殖民地之間的主從關係，也不影響貿易，對於大不列顛本身的經濟反而更為有利。

另一方面，要求一個距離遙遠的殖民地，違背它自身的利益來與母國貿易，使得母國茁壯，翻閱過去的歷史，這種壓制殖民地人民自利心來統治的政權，也不可能長久下去的。[17]對於大不列顛來說，跟北美脫離關係絕對是好事一樁。

（北）美洲就像是懸在大不列顛脖子上的一塊重擔，不斷向下施加壓力。我們自己沒有智慧斬斷它擺脫煩惱。美洲人好心地替我們做了這件事。[18]

塔克至此時已經完全支持殖民地獨立。他自信地預測出於對大不列顛商品的高度需求，北美十三州獨立之後，雙方貿易然仍將繼續下去。除了這個優點，北美殖民地獨立的優點還有：減少大不列顛前往北美的人數、節省治理殖民地的行政與軍事費用等等。塔克雖然自信這樣的觀察正確無誤，但也熟知政治之現實，故感嘆不會「有一個官員敢於挺身而出，讓他的國家變得更好……就算是反對黨也不願意見到北美與大不列顛脫離關係」。然而，塔氏相信無論政府是否聽取建議，其預測終會成為現實；他之所以仍然持續出版倡議之作，是盼望政府當中有遠見的人能因此鼓起勇氣採納他的建言。[19]

塔克的「放棄論」vs. 柏克的「和解論」

一七七五年，塔克繼續發表議論，並與其他人論辯，其中最有名的便是當時擔任羅金漢派輝格（Rockingham Whigs）文膽的柏克。柏克一七七四年四月在下議院發表的《論美洲稅賦的演講》中，蔑視地稱呼塔克為「一位為了爭取主教而為王室宮廷寫作的總鐸」（a dean writing for the court in the expectation of a bishopric）。[20]塔克反駁柏克認為他覬覦主教位置的說法：「我相信你（柏克）會很樂意轉告首相這是我的意見，以免他拒絕給我那個你說我覬覦的主教職位，而且很顯然地該職位並不是用我這種反政府的做事方式求取的。」[21]

針對柏克一七七五年三月二十二日在國會發表的《論北美殖民地和解提案》（*Speech on Moving his Resolutions for Conciliation with the Colonies*），塔克撰寫了《致柏克的一封信》（*A Letter To Edmund Burke*）加以反駁。柏克在〈和解提案〉中主張應與北美殖民地和解，他並未提出具體的和解措施，而是提綱挈領地指出大不列顛在原則上應該如何處理目前的難題並挽回北美居民對母國的信心。柏克並未論證國會是否真的有權違背殖民者的意願來執行《航海法案》（*The Navigation Acts*），他主張國會應該要從和平的利益與帝國商業的繁榮來考量。簡言之，把殖民地居民視為貿易夥伴，並在戰時作為穩固的盟友，對於大不列顛更有益處。柏克感受到北美殖民地追求自由的強烈意志，他說：「我的嚴謹態度因此有所鬆動，我願意為了追求自由的精神而寬恕一些事情」，他跟著又指出：

> 剝奪他們的這種自由參與，你就破壞了唯一的紐帶，這種紐帶最初造就了帝國的統一，現在也必須維護這種統一。……這是英格蘭憲法的精神，它……瀰漫、滋養、團結、振奮、活潑，在帝國的每個地方，甚至是最不起眼的成員身上。[22]

柏克所根據的終極理由是北美居民與大不列顛人民都是平等地享有大不列顛憲法所保障的自由。[23]塔克雖然認同這一點，但他隨後指出北美居民早已不願遵守大不列顛的法律，暗地計畫要自己立法反抗《航海法案》。[24]再者，北美洲殖民地的人跟其他國家交易都遵守誠信原則，唯獨跟大不列顛人交易卻往往拖欠貨款或違約，塔克質問柏克：為何他口中的「新教徒中的新教徒」會如此言行不一？[25]塔克也反駁柏克關於一七六三年以前北美居民向來與大不列顛政府相當合作的說法，畢竟早在一六九六年北美洲就有反對《航海法案》的聲音，而且在大不列顛與法國和印第安的戰事中，北美洲的人不僅拒絕出力，甚至還與敵人進行走私貿易，並且拖欠大不列顛商人的貨款。由此看來，柏克所謂訴諸北美十三州居民對於大不列顛的情感或尊敬，根本是無稽之談——他們在獨立之前已對大不列顛表現得如此無情無義，又豈會在脫離控制後突然轉變為充滿敬意呢？[26]塔克質疑柏克口中「美洲跟大不列顛遙遠的距離」會讓北美十三州的人民產生一種「反抗的精神」（disobedient spirit），但柏克卻主張大不列顛及其殖民關係應該繼續維繫下去，這豈不相互矛盾？總之，柏克對於北美十三州居民願意在獨立後讓大不列顛主掌其出口貿易的想像，在塔克眼中實在過於天真，或者說柏克對於這群缺乏虔誠與誠信的人的認識完全錯誤。[27]

莫讓「征服之榮耀」蒙蔽雙眼，阻礙理性的抉擇

塔克在《致柏克的一封信》之後同年又發表了《第五篇論文：母國與殖民地各自的訴求與論據》。塔克從憲政的角度立論：大不列顛自光榮革命以來，國家權威奠基於由王室、上議院與下議院共同組成的統治。多數大不列顛的政治菁英都相信法律統治能保衛人民的財產和自由，主張統治權應交由國王和國會共同組成的混和政府。憲政一旦動搖，像是十七世紀中葉王室與國會之間有了齟齬，便可能導致內戰，出現短期混亂的共和國，危害國家人民福祉。[28]由於班傑明．富蘭克林（Benjamin Franklin, 1706-1790）等人已經明確表達不服從於大不列顛國會的權威，塔克認為如此大不列顛政府的選擇便只有「無止境的爭執，或是和平地永恆分離。完全放棄這些不服從的殖民地……或者是成為他們的附庸或屬下。」[29]國會權威是塔克政治觀的最高原則，一旦與此牴觸，就不存在任何妥協的空間。「假若時至今日我們還是維持跟殖民地這樣的關係，而不加以脫離，我們將成為（其實已經是）史上最愚蠢的象徵。」[30]國會是大不列顛最高主權之所在，包括了上議院與下議院，君主是國會的首領。北美十三州既不願服從大不列顛國會所制訂的法律，那麼就不再是大不列顛的一部分。就當下局

勢，大不列顛與殖民地之間顯然已無妥協空間，這場爭執只會有兩種結局，一是永無休止的衝突，二是和平的分離。[31]考量國家治理的效益，大不列顛政府對於北美事務已經沒有時間繼續拖延；唯有和平可以避免兩地人民無謂的犧牲，大不列顛政府即刻放棄北美十三州殖民地便是解決之道。[32]

在大不列顛與北美十三州的戰爭即將結束時，塔克有感而發寫下：「在許多會干擾世人對和平與幸福做出正確判斷的錯誤中，最嚴重的就是征服之榮耀還有貿易之仇恨。」[33]所以塔克收到大不列顛戰敗的消息時格外開心，並且說道：「雖然慶祝我的國家戰敗非常奇怪，但是這的確是相當值得大不列顛高興的一件事情。」塔克在戰爭結束前曾預期戰後人們將會說「真可惜，當初沒有更多人注意塔克總鐸所說的話」。[34]這個預期在某些方面可謂正確，因為到了一七九〇年代，英格蘭西北部的蘭開夏郡生產的棉花已取代西印度群島，成為美國主要的棉花供應國，同時也是美國僅次於菸草與糖的最重要貿易商品，使得大不列顛工業與美國農業有了更緊密的連結。[35]

殖民地論辯中的啟蒙思想

從前文可以看出，塔克原先支持保留殖民地，後來卻大聲疾呼放棄殖民地，這個轉變背後的原因為何呢？一七八二年，塔克曾這麼自我反省：

我在一七四八年的著作（*A Brief Essay*）中仍支持保有殖民地。現在的我希望能夠將那段文字完全刪去……目前對大不列顛最好的作法，就是將所有的殖民地通通拋棄。[36]

他對於殖民地為母國經濟帶來的利弊得失，見解亦有轉變：

任何一種殖民地都會造成母國的負擔，榨乾母國的資源，因為他們需要永止境以及昂貴的照料，而且當他們成長，會同時變得頑固以及難以駕馭，一旦當他們明白不再需要依賴母國時，便會開始不斷反抗、暴動。[37]

塔克之所以力陳放棄北美殖民地，絕非同情殖民地人民的處境，而是因為他們拒絕服從國會，繼續下去將讓國會權威備受挑戰。[38]況且從經濟利益來思考，美國獨立前的舊殖民體系有其限制。《航海法案》最初於一六五一年制定，隨後於一六六〇年、一六六三年、一六七三年和一六九六年更改數次。法案規定殖民地的原物料如菸草、棉花、毛皮等等只准販運到英格蘭或其他英屬殖民地。

塔克認為大不列顛在此制度中受迫必須向殖民地購買原物料，但是大不列顛在別的國家其實可以透過更低廉的價錢購買相同的原物料。因此，殖民地的獨立以及自由貿易，比起重商主義的政策更有利於大不列顛。[39]

「宗教革命」方為美國獨立運動的本質，大不列顛應主動切斷與「壞朋友」的連結

除了經濟看法的轉變，塔克也憂心殖民地的政治發展將危及大不列顛政體的維繫，北美十三州的人民有如罹患了一種「共和傳染病」（the Contagion of Republicism），塔克擔心他們將發展出自己的共和制度，故唯有儘快與他們分離，才能避免這種禍害蔓延到大不列顛本土。[40]

> 我們那些愚蠢的共和主義者，還有那些裝模作樣的愛國者將會模仿在北美洲所採行的一切，並且將在大不列顛各地推行相同的謬誤。[41]

正如塔克在一七八一年一封信中稱北美居民是精神錯亂的「暴民政體」（Mob-ocracy），他指控這種共和主張將摧毀世界上的所有政府。[42]然而進一步析論則如波考克所言，美國獨立戰爭的宗教面向更是大不列顛人備感威脅之處，國教派與大不列顛憲政體制都可能因此動搖；若從某個角度觀察，美國獨立戰爭甚至可以說是一場宗教上的戰爭。在塔克看來，與其說政治激進派的主張是支持民主，不如說是「一群反對三位一體論人士的密謀行動」。[43]塔克因此斷言美國革命的本質，其實是一場宗教革命。[44]

若大不列顛與北美十三州的聯繫繼續維持，問題只會更加惡化，諸如憲法傳統都會因此遭受嚴重危害。此外，塔克也非常懼怕某些人所提出的讓大不列顛與北美按照人口比例來分配國會席次，因為假以時日，北美的人口數勢必超過大不列顛，那麼在此設計下，北美洲將成為大不列顛國會的主導者。事已至此，塔克心意已決，主張大不列顛應該讓北美十三州獨立，[45]不然大不列顛人反將淪為北美的「臣屬與附庸」。[46]況且，北美居民主張他們的地方議會與大不列顛國會在法律地位上應平起平坐，塔克更是無法接受。在他心目中，所有社會都必須有一個最高主權，[47]而在大不列顛，包括蘇格蘭以及所有海外殖民地，國會就是唯一的至高主權。

因此塔克的著作除了探討國家的現實利益，因宗教局勢而生的危機感亦占據書中重要篇幅。誠如馬歇爾（P. J. Marshall）的觀察，關於北美議題的爭辯中，宗教扮演相當核心的角色。大不列顛不服從國教會的新教徒往往與北美十三州的人民沆瀣一氣，當時許多國教會牧師的傳教辭中也將不服從國教會的新教徒與北美的主張一視同仁，視為衝擊既有政教秩序的洪水猛獸。在他們眼中，長老會、浸信會不只散佈對於國教會的仇恨，並且在政治層面上肆意傳佈致命的共和觀念，宣揚國會不再對殖民地擁有主權。將北美十三州的殖民地民眾與國內激進的不服從國教會的新教徒和十七世紀「平等派」（Levelers）畫上等號，是美國獨立戰爭前已相當普遍的社會印象。[48]明白這個背景，便可理解為何塔克會說：

在那個國家（北美）人民的意旨等同於上帝的意旨，這已經是相當根深蒂固的觀念。如果有任何人敢否定這個觀念、敢反對這個暴民政治，塗焦油、削肉之刑都只是最輕微的處罰而已。[49]

殖民地人民缺乏對上帝的敬畏，甚至將自己的主張跟上帝的旨意畫上等號，若繼續維持與他們的關係，大不列顛本身的虔誠信仰勢必受到玷污。

從帝國自身的利益出發——柏克的轉向，以及塔克的盟友亞當・斯密

塔克固然對柏克的和解方案有不少批評，但是我們若仔細考察兩人的說法，將會注意到其實兩人意見不像塔克所說的南轅北轍；相反地，雙方對於關鍵議題的想法其實頗為相似。首先，塔克與柏克思想中的最高原則皆以大不列顛的利益為最優先考量。兩人的差異在於，塔克在一七六〇年代中葉就覺悟北美十三州的獨立是遲早的事，大不列顛已經不可能阻止，因此他才會早在眾人（包括當事者——殖民地人民）之前，便鼓吹放棄北美殖民地。柏克則是直到一七七〇年代初仍然相信兩者能夠和解，維持一種鬆散的帝國與殖民地的關係。柏克相信唯有維持主權的完整，對帝國才是最有利的。要到了美國獨立戰爭開打，柏克才驚覺以為雙方能夠和平共處乃是自己一廂情願。如今：

> 大英帝國正處於有瓦解危機的動亂之中。儘管多年來的努力，我們仍無力對抗那些造成失序的活動。我們所有的努力只是徒勞，我們如今擔憂會由於爭論激起人們的激情，那是理性所無法安撫的。我們無法容忍自己用默許的方式來支

持對帝國內自由與團結造成嚴重傷害的措施。[50]

柏克認為如果大不列顛想要建立一個讓北美殖民地順服的機制，但又不願意保障這些人民的自由，那麼唯一的做法只剩下以軍事手段來建立這種政府。然而，若要在北美成立這樣一個政府，不僅將使大不列顛財政崩潰，甚至會讓大不列顛本地的自由也受到威脅。在這樣的考量之下，柏克也就放棄了和解的主張，轉而支持放棄北美洲。同時代的亞當・斯密雖在一定程度上同意柏克的說法，不過他不同意柏克對北美殖民地商業眾多限制的計畫。另一方面，雖然斯密指出塔克放棄北美的論點不切實際，不可能被輿論與政界接受，但是他也感歎塔克與他的想法其實最為相合。北美十三州的問題在於大不列顛在那裡獲得的利益遠低於支出，徵稅並不能解決這個問題。斯密指出，所有遠距離的統治所需的防禦成本相當昂貴，而且這些殖民地無論是在財政收入或軍事力量上，皆對帝國的防衛能力毫無助益。[51]

大不列顛的統治者這一個多世紀以來，用他們在大西洋的彼岸擁有一個大帝國這種幻想來迷惑他的人民。然而，這個帝國只是存在於想像之中而已。[52]

斯密認為如果這個美夢只是幻想，就應該毅然放棄。這些殖民地無法對母國有實質幫助，不應再花錢維護它們。由此可見，斯密最初雖贊同柏克，至此則已轉向支持塔克。

亞當・斯密與塔克一樣明白政治的現實，那就是即使放棄殖民地是基於國家的現實利益，這對於民族自尊也將是嚴重的打擊。[53]此外亞當・斯密在一七七六年問世的經典名著《國富論》中還指出一點，即帝國少數因殖民地而享有既得利益的人，也勢必會為了個人利益而反對放棄殖民地：

> 任何國家都不可能主動放棄統治任何外省的權力，不管那個外省統治起來有多麻煩，也不管它所帶來的收入相對於它所產生的花費是多麼的少。對每個國家來說，犧牲外省的統治地位，縱使往往合乎國家整體的實質利益，但必定有損國家的尊嚴，而也許更為重要的後果是，這種犧牲必定違反國內統治階級的私人利益，因為他們對於許多重要的有給或無給公職，以及對許多名利雙收機會的分派權，將因此被剝奪。[54]

然而若是帝國和殖民地最後仍邁向統一，那麼他推測，帝國的首都最終將與人口和財富一起移轉到北美洲；[55]而這也是塔克最不願意看到的景象。斯密有個生動的譬喻：「單是為了扶植一群顧客而建立一個大帝國，乍看之下也許像是只有零售店主組成的國家才會去做的一樁事業。然而，這種事業其實和滿腦子生意經的零售店主們完全不搭調；反倒像是政府受到小商人影響的國家才會做的事。」[56]

前一章曾指出，塔克雖然主張自由貿易，但更精確地說，他是一位「開明」的重商主義者。雖然他修正了許多重商主義的說法，但仍然以國家利益為首要考量，所以他不鼓勵殖民地發展經濟：

如果殖民地接受這個提案，停止他們目前正在發展的產業，那將會是多麼令人開心的事情？毫無疑問，這些產業對我們是非常有害的。[57]

但是大不列顛長久以來不斷補貼北美商品，並且提高其他國家貨物的進口關稅，讓大不列顛人民無法以合理的價格購買北美殖民地以外的商品，這種保護政策對於大不列顛只是有害無利。[58]

「自由貿易」與「憲政秩序」——英格蘭啟蒙思想家的共同追求

由上可見，殖民地的議題觸碰到塔克幾個核心思想：自由貿易、（基於現實利益的）反戰思想以及對於激進思想的懷疑態度。[59] 塔克之所以要與北美洲斷絕關係，首先是因為母國對於殖民地商品的補助政策違反自由貿易的精神，而且為此提高他國商品的關稅也損及自身國民的利益；其次是戰爭對於戰勝戰敗方都沒有好處，在和平的情況下大家都可以過著相對安定富裕的生活；最後則是他對於激進思想的懷疑態度。[60]

斯密與塔克一樣認為大不列顛應該放棄北美十三州，假使這些建議真的被採納，大不列顛不僅立即省去耗費在殖民地的軍費，還可以與殖民地訂定正式商約，不再需要補助，也不再會被積欠貨款。若殖民地與母國能夠好聚好散，那麼雙方數年來的積怨將被化解，而殖民地對母國的自然情感將很快地恢復：

> 也許那種親切感不僅會使他們長久尊重他們獨立時和我們締結的通商條約，也會使他們傾向於在戰爭或者貿易上偏袒我們。總而言之，應使他們不再是我們當中性情乖戾好鬥的黨徒，而變成我們最忠誠、親切、也最慷慨的盟邦。[61]

若將塔克與斯密和柏克這兩位啟蒙時代的重要人物放在一起觀察，可發現他們的想法十分相近，可以說塔克顯然也是這個啟蒙時代的一員。

從塔克對北美洲殖民地的看法也可看出他如何在推尊政府及經濟自由兩個議題間達到平衡。出於對政府權威的尊崇，殖民地的人若不認同大不列顛國會的至高地位，最好儘快分離出去。這並非出於他們「擁有獨立的權利」，而是因為他們是一群危險的反叛者，大不列顛若再不斬斷與他們的糾葛將危及自身。再者，出於對經濟自由的重視，若因商業而發動戰爭無異於瘋狂，若為了經濟利益而希望保留殖民地則更將徒勞無功。柏克、斯密與塔克都傾向讓北美十三州獨立，但理由絕非考量殖民地人民的權利，而是源於大不列顛自己的福祉與利益。[62]塔克的意見具體而微地體現了當時不少人的意見，他們慶幸大不列顛得以避開許多不必要的麻煩，不再需要因為遙遠的大西洋彼岸的事務而煩心。[63]

1729-1797

Edmund Burke

埃德蒙・柏克

柏克今日最為人知的是他在北美問題上對北美殖民地的同情，以及他對於法國大革命的批評，一般慣稱他是保守主義的重要奠基者之一。他最初成名於一七五七年出版的美學著作《關於我們崇高和美觀念起源的哲學探索》，也因此書而打入倫敦的上流文人圈。休謨於一七五八至五九年間和一七六一年的倫敦之行中，便在賽謬爾・強生的圈子中結識了柏克。柏克一七五九年推出《哲學探索》第二版，休謨宣稱很欣賞這篇「非常漂亮的論文」，很高興在文人聚會中見到這位年輕的愛爾蘭人。然而柏克對休謨關於一六四一年愛爾蘭大屠殺的說法提出異議，休謨不為所動；後來柏克對休謨的哲學和宗教原則也進行了直言不諱的批評，他告訴波士維爾（James Boswell），他與休謨交談只是因為目前社會的自由狀態需要這樣。

柏克與休謨的好友亞當・斯密也有交往，斯密在倫敦時，柏克與他和吉朋都是約翰遜主持的文學俱樂部（the Literary Club）的成員。斯密同樣極為讚賞《哲學探索》，並且認為柏克絕對有資格在大學任教，視乎柏克的意願而已。柏克許多經濟思想與斯密所見略同，他認為物價並無法被操縱，而是消費與生產之間平衡下的自然產物。

諷刺柏克對於法國大革命見解的漫畫（1790年），圖片下方大字題作「對法國大革命或月球上的人的崇高而美麗的反思」，圖中的柏克拿著鵝毛筆，手腕上掛著斷鍊，桌上放著一本打開的「小冊子」和一個墨水瓶；桌前標示著「法國大革命」，一名女子手持自由帽和王冠，站在一名男子身上。

柏克認為政治與經濟的基本關係應該是：政府應自我克制盡量不干預經濟，因為只有在鼓勵自主互利的環境下經濟發展才會最好，柏克指出，「一旦政府出現在市場之中，市場中所有的原則都會被顛覆。」

柏克與塔克在北美殖民地問題上針鋒相對，兩人的分歧可以追溯到一七六六年，當時塔克在《倫敦的商人給他在北美的侄子的一封信》中認為，下議會反對《印花稅法》鼓勵了殖民者的反抗。一七七四年四月十九日，柏克在《關於美洲稅收的演講》中，對此嘲諷：「這位塔克博士已經是個總鐸了，他在這個葡萄園裡的辛勤工作，我想能夠會讓他晉升為主教。」塔克則在一七七五年柏克發表和解演說後不久，就對其嚴厲抨擊。塔克認為柏克所說北美人民的激烈自由精神無法構成不列顛政府應該加以安撫的理由；相反，它們指出了一種與不列顛政府權威不相容的服從理論，這使得兩者之分離成為唯一應該採取的行動方案。塔克則認為，北美新教徒敵視那些不屬於長老會性質的教會機構。對塔克來說，北美新教源起於將統治權與恩典聯繫在一起的反統治主義，這種主張的傾向是將權力下放給人民，使政府永遠面臨解體的威脅。此外，正如塔克不斷強調的，一旦殖民地對母國的依賴性減弱，它們通常就會爭取獨立。然而，柏克認為，如果政府學會調和母國與殖民地的權力關係，這種情況就能從深淵中恢復過來；現代海外帝國最好被視為複合型政治共同體。而這一點在北美殖民地最為明顯，在那裡，當帝國政府開始失效，一種行政管理制度便自發地從人民中產生：柏克指出，一旦母國廢除各州的議會，北美人就會設法自我管理，既不訴諸流血也不訴諸選舉。因此大不列顛應該恢復《航海法》的舊制度，同時承認來自美國人民的自由精神。

柏克《對法國革命的反思》首次發表於一七九〇

年十一月，他預言法國革命將帶來惡果。吉朋稱柏克是「我所認識的最有說服力和最理性的瘋子」，但就「那場醜惡的革命」而言，吉朋稱自己站在和柏克一樣「支持貴族」的立場。柏克和吉朋都相信法國的極端分子很快會被打敗，因為他們的思想如此不理性且有缺陷，他們的行動又如此血腥。正如吉朋所說：「巴黎的最近的那場革命幾乎讓每個人都相信了民主主義原則的致命後果，這些原則通過一條花徑通向地獄的深淵。」

柏克反對法國大革命的原因，首先是他認為主導者從根本上反對了所有能確保政府權威的規範性手段；其次，反教會者對教會財富的攻擊也損害了私有財產制度；第三，他認為革命領導人物對於基督教的排斥將摧毀社會繼續存在的可行性；最後，柏克認為革命者要求加強國民議會的權力，這顛覆了混合政府（mixed government）的原則。但美國獨立革命對柏克來說則是完全不同的狀況，一七七五年他對國會關於與北美殖民地和解的演講中指出，北美的人和母國大不列顛人一樣，都是信仰且願意為了他們的自由而奉獻。

柏克撰寫《對法國革命的反思》主要是為了反駁理查·普萊斯一七八九年對於法國動盪的講道辭。普萊斯在講道辭中，將法國大革命與一世紀前的光榮革命相提並論，並且認為大革命是千禧年預言將至的徵兆。有趣的是，在美國獨立革命的議題上，普萊斯跟柏克反而立場相近，兩人都是塔克撰文抨擊的目標。

1723-1790

Adam smith
亞當・斯密

亞當・斯密最為讀者熟知的著作是《國富論》，不過他還有一本頗受當代人尊崇且不斷再版的著作《道德情操論》。一七六七年，時任財政大臣的查爾斯・湯森制定了向北美居民徵稅的《湯森法案》，最終與《印花稅法》下場相同，除茶葉稅外，皆遭到廢除。查爾斯・湯森欣賞斯密的《道德情操論》，邀請他擔任其繼子第三代巴克盧公爵亨利・史考特（Henry Scott, 1746-1812）的導師，他們在一七六四至一七六六年間進行歐洲大旅行（grand tour）。在家教工作結束後，斯密獲得一份終身津貼，在去世之前每年都可以從巴克盧公爵那領取兩百英鎊，這是斯密擔任大學教授年薪的兩倍。

斯密藉由該次歐洲大旅行造訪當時的啟蒙中心法國，並在巴黎參加多次沙龍聚會，結識了狄德羅、達朗貝等人，亦於日內瓦與伏爾泰在數個不同的場合會面。斯密離開巴黎後，當時的法國小說家李柯波尼夫人（Mme Riccoboni）在私人書信中寫道：「罵我吧，打我吧，殺我吧，但我喜歡斯密先生，我非常喜歡他。我希望魔鬼能把我們所有的文學家、所有的哲學家都帶走，把斯密先生帶到我身邊。」而伏爾泰見過斯密之後也讚譽有加：「這位斯密

《洛克維爾勳爵、亞當・斯密先生和布朗部長》（*Lord Rockville, Mr. Adam Smith & Commissioner Brown*，Print made by: John Kay, 1787），亞當・斯密立於圖中央，左手拿鮮花，右手持手杖。

先生是傑出之士，我們當中沒有人可以與他相比，我為我親愛的同胞們感到羞赧。」

斯密與休謨對於帝國和國際貿易的問題時有交流，兩人亦曾討論到美國獨立。早在一七七一年，休謨在信件中就說大不列顛與北美的聯盟在本質上無法長久。戰爭一爆發，更立刻主張大不列顛應該撤走艦隊和軍隊，讓這些殖民地完全獨立。斯密對北美問題相當關注，休謨在信中就說，我這個朋友「對美洲事務十分熱切地關心。」一七七六年三月，斯密在北美危機最嚴重時出版了《國富論》，其中許多段落都體現了這種關注，諸如他理解北美居民對於母國設置的貿易壁壘感到不滿，斯密稱這些壁壘是「由於母國商人和製造商的無端嫉妒，在沒有任何充分理由的情況下強加給他們的奴隸制粗魯烙印。」

斯密對北美殖民地的評論貫穿了他在《國富論》第四卷中關於貿易和殖民地的論點，該書對英國的殖民貿易體系進行了系統性的嚴厲批判，最後嚴正斷言：在目前的管理制度下，大不列顛對其殖民地的統治有害而無益。斯密接著討論了該如何以激烈的手段解決北美問題，這也是休謨在私人信件中反覆提出的：北美殖民地應該被留在帝國中，但是他們應該按照自己覺得合適的方式獨立管理自己。斯密相信就算北美的港口對世界各國開放，大不列顛仍然能夠保有北美貿易量的絕大部分。

在《國富論》於倫敦出版的一週前，吉朋著名的《羅馬帝國衰亡史》第一卷也剛問世。而一七八八年出版的第四卷中，吉朋也提及了美國獨立，他的意見與塔克、斯密、休謨皆有相似之處。「美洲現在有六百萬留著歐洲人血液的後裔」，吉朋寫道，「他們的數量，至少在北方不斷地增加。無論他們的政治局勢有何變化，他們必然保留著歐洲的風俗；我們可以樂觀歡欣地推斷英語很可能能夠在那浩瀚無垠、人口眾多的大陸上廣布。」

約翰・卡維瑟姆（John Carwitham, c.1700-c.1760）根據1723年伯吉斯（William Burgis）對波士頓景象的描繪，再加入1723-1741年間的變化，繪製了這座新英格蘭城市的樣貌。

當時波士頓是大不列顛殖民地的重要港口。兩幅作品都是從波士頓港的諾德爾島（Noddle's Island）的角度作畫，展示了長碼頭（Long Wharf）兩側的海濱。波士頓是當時大不列顛北美十三州殖民地中最大的城市，她的競爭對手有紐約跟費城。在1740年之前的六十年中，這三個港口都在增長，爭奪為西印度和歐洲市場生產可出口商品的經濟腹地，同時也爭奪大不列顛、歐洲和當地製造業的本地市場。1740年時，波士頓仍然是英屬北美最大的城市，費城的增長速度驚人到1740年時已趕上紐約，到1760年時已經能夠挑戰波士頓作為英屬北美最大城市的地位。

本章註

1 Josiah Tucker, *A Brief Essay*, pp. 45-46, 95-96.

2 Ibid, pp. 93-94.

3 Murray N. Rothbard, *Economic Thought before Adam Smith: An Austrian Perspective on the History of Economic Thought* 2 vols (Auburn: Ludwig von Mises Institute, 2006), vol. 1, p. 337.

4 Josiah Tucker, *Four Letters on Important National Subjects*, pp. 2-3.

5 Josiah Tucker, *Four Tracts*, pp. ix-xi.

6 Brendan Simms, *Three Victories and a Defeat: The Rise and Fall of the First British Empire* (New York: Basic Books, 2008), p. 543.

7 H. T. Dickinson著，王文霞譯，〈英國對美國獨立革命的反應〉，《歷史月刊》二三六期（臺北，二〇〇七），頁八十七。

8 Walter E. Clark, *Josiah Tucker, Economist*, p. 184.

9 Josiah Tucker, *A Letter from A Merchant in London*, pp. 103-121. 塔克在十餘年後甚至主張實質代表制在一定程度上保護男女一定程度上的平等，如果開放更多男性可以投票，反而對於女性不公平。見Josiah Tucker, *A Treatise Concerning Civil Government* (London: T. Cadell, 1781), pp. 360-363.

10 Gordon Wood, *The American Revolution: A History* (New York: Random House, 2003), p. 607.

11 Josiah Tucker, *A Letter from A Merchant in London*, p. 132.

12 Ibid, pp. 141-143.

13 Ibid, pp. 143-149.

14 Josiah Tucker, *The True Interest of Great Britain, Set Forth in Regard to the Colonies*, pp. 128-129.

15 Ibid, pp. 159-161.

16 Ibid, pp. 204-206.

17 Josiah Tucker, *Dispassionate Thoughts on the American War: Addressed to the Moderate of All Parties* (London: J. Wilkie, 1780), p. 26.

18 Josiah Tucker, *Four Letters on Important National Subjects*, p. 7.

19 Ibid, pp. 202-224.

20 F. P. Lock, *Edmund Burke: Vol. 1, 1730-84* (Oxford: Oxford University Press, 1998), p. 388.

21 Josiah Tucker, *A Letter to Edmund Burke, Esq., Member of Parliament for the City of Bristol, and Agent for the Colony of New York, in Answer to His Printed Speech, Said to Be Spoken in the House of Commons on the Twenty-Second of March, 1775* (Glocester: R. Raikes, 1775), p. 52.

22 Edmund Burke, *The Speech of Edmund Burke, Esq; on Moving His Resolutions for Conciliation with the Colonies, March 22, 1775:* (London: printed for J. Dodsley, 1775), p. 61

23 Warren M. Elofson and John A. Woods eds., *The Writings and Speeches of Edmund Burke*, vol. 3, *Party, Parliament, and the American War 1774-1780* (Oxford: Clarendon Press, 1981), pp. 119-124.

24 Josiah Tucker, *A Letter to Edmund Burke*, pp. 7, 31, 47.

25 Ibid, pp. 34-35.

26 Ibid, pp. 47-51.

27 Ibid, pp. 39-40, 51-56.

28 H. T. Dickinson著，王文霞譯，〈英國對美國獨立革命的反應〉，《歷史月刊》二三六期，頁九十三。

29 Josiah Tucker, *A Letter to Edmund Burke*, pp. 47-48.

30 Ibid, p. 51.

31 Josiah Tucker, *Tract V*, pp. 14-41, 49-50.

32 Ibid, pp. 20-21.

33 Josiah Tucker, *Cui bono?, or, An Inquiry, What Benefits Can Arise Either to the English or the Americans, the French, Spaniards, or Dutch, from the Greatest Victories, or Successes, in the Present War?* (Glocester: R. Raikes, 1782), pp.

32-47.

34 Ibid, pp. 140, 138.

35 D. A. Farnie, "The Commercial Empire of the Atlantic, 1607-1783," *The Economic History Review* 15:2 (1962), p. 215.

36 Josiah Tucker, *Cui Bono,* pp. xiii, 129.

37 Josiah Tucker, *A Treatise Concerning Civil Government*, p. 253. 除了塔克之外，一七六〇年代的許多政論家也都開始對殖民地的看法有了不同於十七世紀的看法。首先，他們不再強調直接統治殖民地對於獲利的重要性以及必要性。相對地，他們轉而重視貿易雙方能夠滿足彼此的需求利益。見Nancy F. Koehn, *The Power of Commerce: Economy and Governance in the First British Empire* (Ithaca: Cornell University Press, 1994), p. 102.

38 Josiah Tucker, *Tract V*, p. vii.

39 Josiah Tucker, *Tract V*, pp. 59-60.

40 Josiah Tucker, *A Series of Answers to Certain Popular Objections, against Separating from the Rebellious Colonies, and Discarding Them Entirely: Being the Concluding Tract of the Dean of Glocester, on the Subject of American Affairs* (Glocester: R. Raikes, 1776), p. ii; Bernard Bailyn, "Political Experience and Enlightenment Idea in Eighteenth-Century America," *American Historical Review* 67 (1962), p. 344

41 Charles Kromkowski, *Recreating the American Republic: Rules of Apportionment, Constitutional Change, and American Political Development, 1700-1870* (Cambridge: Cambridge University Press, 2002), pp. 126-129.

42 轉引自Bernard Semmel, *The Rise of Free Trade Imperialism: Classical Political Economy, the Empire of Free Trade and Imperialism 1750-1850* (Cambridge: Cambridge University Press, 1970), p. 22.

43 J.G.A. Pocock, "The Imperial Crisis," in J.G.A. Pocock, Gordon Schochet, and Lois Schwoeror eds., *The Varieties of British Political Thought 1500–1800,* pp. 266-268.

44 J.G.A. Pocock, "Religious Freedom and the Desacralization of Politics: From the English Civil Wars to the Virginia Statute," in Merrill Petersen and Robert Vaughan eds., *The Virginia Statute for Religious Freedom: Its*

Evolution and Consequences in American History (Cambridge: Cambridge University Press, 2003), p. 68.

45 Josiah Tucker, *Four Tracts*, pp. 193-194.

46 Josiah Tucker, *Tract V.*, p. 48.

47 Ibid, pp. 12-18.

48 P. J. Marshall, *The Making and Unmaking of Empires: Britain, India, and America, c.1750-1783* (Oxford: Oxford University Press, 2005), p. 170.

49 Josiah Tucker, *A Letter to Edmund Burke*, p. 13.

50 Edmund Burke, "Address to the King," in *The Works of Edmund Burke*, 9 Vols. (Boston: C. C. Little & J. Brown, 1839), vol. 5, p. 148.

51 Adam Smith, *An Inquiry into the Nature and Causes of the Wealth of Nations* (Dublin: N. Kelly, 1801[1776]), vol. 2, p. 486.

52 Ibid, p. 489.

53 Ibid, pp. 124-125.

54 Adam Smith著，謝宗林譯，《國富論II》（臺北：先覺，二〇〇五），頁二五六。

55 Jennifer Pitts, *A Turn to Empire*, p. 54.

56 Adam Smith著，謝宗林譯，《國富論II》，頁二五三。

57 Josiah Tucker, *A Brief Essay*, p. 103.

58 Josiah Tucker, *Tract V.*, pp. vi, 50-51.

59 George Shelton, *Dean Tucker and Eighteenth Century Economic and Political Thought*, pp. 182-183.

60 H.T. Dickinson, *Liberty and Property*, pp. 306-307.

61 Adam Smith著，謝宗林譯，《國富論II》，頁二五七。

62 J.G.A. Pocock, *Virtue, Commerce and History*, pp. 161-162.

63 Eliga Gould, "A Virtual Nation: Greater Britain and the Imperial Legacy of the American Revolution," *The American Historical Review* 104: 2 (1999), pp. 484-485.

第四章　英格蘭啟蒙運動中的塔克

如上一章所述，塔克在美國獨立戰爭期間發表了一系列呼籲大不列顛停戰爭的作品，其中一本一七八一年出版，長達四百餘頁的《公民政府論》（*A Treatise Concerning Civil Government*）更是反映他政治思想的代表著作，此書旨在反駁一六八九年洛克發表的同名著作《政府二論》（*Two Treatises of Government*）。塔克認定正是洛克的論述激起北美的造反情緒，甚至在英格蘭本土的普萊斯等激進派，以及一七七〇年代的共和主義者如約瑟夫・普里斯特利（Joseph Priestley, 1733-1804）、富蘭克林等人擁護自然權利的觀念也都是承繼自洛克。可以說，洛克的思想就是造成英格蘭動盪不安的源頭，若不從病源著手，絕對無法根除問題，塔克撰寫《公民政府論》的目標便是要徹底檢討與糾正洛克的主張。而塔克是基於何種政治思想批評身為英格蘭啟蒙核心的洛克？我們可以同樣將塔克放在英格蘭啟蒙的脈絡中，加以探討。

準契約：與洛克自然契約論之對話

一七六〇年代，洛克的理論在政治爭議中有其顯眼位置。在一七六五年至一七六六年的《印花稅法》危機期間，洛克的理論被北美抗議者援引。與此同時，受到盧梭《論人類不平等的起源和基礎》中關於自然狀態的描述影響，人們也開始用自然狀態來解讀洛克的著作。一七七〇年代，激進派引用洛克宗教寬容的主張，這也引起包括塔克在內的國教會人士對激進派的駁斥。[1]

在十八世紀下半葉激進派的解釋中，洛克政治思想的一個重要論點是自然狀態（the state of nature）的存在，而洛克所主張的自然權利便是以自然狀態的存在作為理論基礎。人類在組成政府之前皆具有自然權利，為了集體的安全與生存，因此願意讓渡部分的政治權利與其他人簽訂契約組成政府，並且服從政府之領導。然而，這個自然權利始終存在，人民在統治者橫行無道時可以訴諸自然權利來解除政治契約。對此，塔克反駁道，洛克完全沒有證據可以證明這種假設；因為在人類的歷史經驗中，政府機構在文字記載發明之前早已存在，這也就推翻了洛克所謂簽訂契約的說法。因為若是沒有文字，所謂書面的契約也不可能存在，況且翻遍人類的歷史根本找不到關於「自然狀態」的記載。此外，洛克認為人類是為了避免生存上的危險才共同組成一個社會或政府；塔克並不認同這種說法，相反地，他認為人類是為了互相幫助才共同組成政府，而且這個組織存在的時間與人類歷史一樣悠久。[2]況且根據世界各地的歷史記載，人一出生下來往往便已身在社會之中，從來不曾有人生活在完全獨立於他人之外的狀態下，那絕不是人類的自然狀態。人類基於天性自然會組成社會，因此「社會狀態」才是合理且自然的狀態。[3]塔克寫道：

人類對社會生活的本能和傾向在某種程度上是不可抗拒的，我們幾乎可以說，人們就像去覓食日常食物一樣，會自然地去追尋社會生活。[4]

若按照洛克的說法，在一六八八年光榮革命爆發後，英格蘭人民與詹姆斯二世解除契約便應該返回到自然狀態，然而留下的各種紀錄都可以證明，當時全英格蘭的人民並未全部聚集起來商討國家未來。一六八八年時實際上主掌政治決策的人仍是少數的菁英，因此光榮革命的實際面向顯然與洛克的原則並不相符。[5]

塔克指出，根據洛克的理論，人們從原始自然狀態到組成共同體的過程中，必須簽訂社會契約，達成共同協議。人類在原始自然狀態下是一個個獨立的個人，而並未組成任何政治團體。所謂的人民共同體，是一種政治組合（corporation），它完全是人為而非自然的，一如其他團體一樣來自人們的共同協議。[6]以上是塔克對洛克契約論的理解與摘要，而塔克並不同意這些假設，他根據英格蘭的歷史與法律傳統，將原先作為法律術語的「準契約」（quasi-contract）概念挪用至政治上。塔氏如此定義準契約：

> 雖未被明確表達或是簽署，但深具有信託的性質。履行這個信託的職責就是準契約的本質，它依照萬物之正道約束人們，並且在良知的見證下成為最為神聖的約定。[7]

根據這般描述，準契約是一個國家的最高政治準則，這種連結雖然沒有清楚的明文規定，或者是強制的法條規定，但是由於長時間的履行，使得在同一政治體中的人們皆明白其內容，人民若接受統治者的保護，他們就必然要對其忠心服從：

政府之所以成立通常不是透過君王與人民的往來、統治者與被統治者的接觸而達成的，政府建立之本質是由準契約所完成；在職能與權責上，準契約的效力就如同特定契約，具有強制效力。[8]

塔克雖然認為準契約具有信託（trust）的性質，但不代表人民可以隨意推翻政府。因為政府是長時間歷史演進的產物，正如人類社會自然發展下來便成為一個服從權威的社會，無需刻意去塑造或規定。政府領導者也是一樣隨著社會演進而自然出現，多數人隨著時間都會逐漸服從於那些能力優越的人。這種經過長時間積累變化的政府權威，不容許隨意地驟加改變。[9] 塔克理想中的政治制度，是個人讓渡部份權利給政府，由議員代表其政治意見。洛克及其信徒所犯的錯誤，便在於主張所有的政府決策都必須由全體人民同意。若按照這種說法，政府運作所需要的權威以及代議政治都將無法運作，政府也就根本不可能被建立起來。[10]

同代人眼中的洛克——普萊斯等激進派的詮釋

有趣的是，塔克雖然認為自己在批評洛克，但他所攻擊的事實上是一個被塑造出來的洛克。例如塔克批評洛克偏好缺乏事實根據的抽象性思考，但是其實洛克在哲學上主張經驗論，這與塔克在作品中的立場反而十分相近。再者，在政治思想上，塔克也與洛克一樣認同政府乃是建立在同意與信任的原則上，而人民擁有反抗專權的權利。正如戈爾（J. W. Gough）所指出的，洛克從未寫過國王和人民之間存在契約，他的立場實際上與塔克建議的方案相同，只不過洛克不認為需要提出準契約這種概念。[11]由此可見，塔克所批評的與其說是洛克，毋寧說是激進派對洛克思想的延伸解釋。[12]

十八世紀中晚期的激進派疾呼自然權利、契約論以及民眾主權（popular sovereignty）時，他們相信自己是在重述洛克的說法。[13]但學者多指出，像是普萊斯與約瑟夫・普里斯特利的政治原則雖然字面上源自洛克，但是已將洛克的說法過分延伸，像是人民的同意權，在洛克看來是不可明說的（tacit），但是普萊斯卻認為人民自古便擁有這種同意權，而且這是文獻中明文記載的，而非如洛克所謂的模糊、不可明說。[14]由此觀來，塔克所批評的洛克，其實多是經過普萊斯等人詮釋後的形象，而非洛克在《政府二論》的原意。

例如，洛克在《政府二論》中指出每個人在組成社會時所交予社會的權力，只要社會繼續存在，便無法重歸於個人，而且社會與國家若違反這個協議便無法存在。其次，洛克對立法機關與人民權利的關係這麼說道：

如果社會已將立法權交給由若干人組成的議會，由他們和他們的後繼者繼續行使，並賦予議會規定產生後繼者的範圍和職權，那麼，只要政府繼續存在，立法權就絕不能重歸於人民；如果掌權的人由於濫用職權而喪失權力，那麼在喪失權力或規定期限屆滿時，這種權力就重歸於社會，人民有權行使最高權力，由他們自己繼續行使立法權，或建立一個新的政府形式，或在舊的政府形式下把立法權交給他們認為適當的新人。[15]

這顯然不是塔克所反對的那位洛克。此外，洛克雖然主張：

對於一個有權威的統治者來說，使用暴力破壞其臣民的權益和踰越法律乃是毀滅他自己的權威。他使自己和他受害的臣民處在一種戰爭狀態，每個臣民都有權利反抗任何其他不正義的入侵者，同時也有權反抗統治者。

但值得強調的是，洛克自己也在《政府二論》後續的段落中耗費不少精力與篇幅削弱上述反抗權的力道。他註明唯有「一系列的行動」，並且對於大多數人的財產、自由和生命造成明確的現實或潛在威脅時，反抗方具正當性。[16]

塔克雖認為自己鼓吹的準契約與洛克說的契約截然不同，但若我們仔細觀察，則會發現兩者頗為相近。塔克如此定義準契約：「在政府與人民之間的責任與義務上，準契約的本質跟契約是相同的。」誠如學者所言，洛氏的立場與塔克相近，差別只是塔克用的是準契約一詞。[17]根據洛克的理論，人類為了脫離自然狀態的不便，於是透過社會契約的方式進入社會狀態，並且樹立政治權威以協助個人保護其天賦權利。洛克雖然指出人民擁有因不滿而更換政府的選擇權，卻也大力疾呼在大多數情況下，人民無權隨意收回委託政府之權利。普萊斯等人則是擷取洛克說法中合用的部份，主張民眾大可出於對政府的不滿，而決定取消彼此的契約並擁立一個新政府。普萊斯這種理論上看似完善的社會契約思維，在塔克看來卻不符合人類社會的實質情況，因為社會契約的運作並不如機械一般，而是一種有機的合夥關係，會隨著時間、空間而調整轉化，同時也不能被隨意解除。

「社會契約」自從一六五一年霍布斯的《利維坦》（*Leviathan*）出版以降，逐漸成為英格蘭文人討論政治的核心概念，復經洛克的詮釋，以及更重要的是盧梭在《第二論述》（即《論人類不平等的起源與基礎》）的發揮，這個概念遂於十八世紀中葉後成為政治論辯中最流行的詞語之一。塔克的政治理念也清楚受到社會契約論的影響，他曾在一篇論文中針對契約論評述：

> 準契約在本質上就如同契約，依照所有事物背後的終極原理來運作，並且在所有人心中的良知法庭，都是所立下最神聖的誓約。

由這段文字可以看出塔克並不否定社會契約的觀念，他所反對的是當時激進派所主張那種可以任意解除的社會契約觀，以及缺乏歷史根據和脈絡的論點：

> 他們訴諸那些所謂不可言傳的真理、抽象的推論、事物的永恆適當性以及所謂

人性的權利等這些被視為不可侵犯與不可轉移的事物。然而，過去的法則與範例都無法證明他們的說法……國家的主張應該要根基於事實及前例。[18]

十八世紀下半葉，普萊斯等激進派將洛克理論解釋為近似「主權在民」的概念，不僅格外重視個人的政治權利，同時強調政府不可加以侵犯。在這種解釋下，政府成為執行人民意志的機關，所有的官員都成了人民的僕人。洛克認為唯有在政府嚴重違背人民的託付時，人民才有理由推翻它，但是普萊斯的解釋則是，只要當人民認為合適便可推翻當前政府；如果他們樂意的話，甚至也有主動重組政府的權力。[19]然而，洛克的說法與他們的解釋幾乎是完全不同的理論，「如果洛克的本意是消極地保障個人的自由，他的十八世紀後期信徒則是要求積極的個人參政權。」[20]塔克反對將個人權利作為政府成立之前提，因為這無法實踐，由於人類無法獨立生存而必須生活於社會中，政府成立的前提便是社會之存在，而非任何權利或是個人德性，遑論所謂不可侵犯的個人權利。人類真正不可侵犯的權利只有兩者，一是自然的生存權利，像是起居飲食；二是宗教行為，這兩者是無法被代理的，但是政治事務則無疑能夠以代理制度行使。再者，普萊斯將「同意權」無限擴張到政府的任何政策都需要得到人民的同意；塔克則反駁道，若是像北美殖民者所說，凡事都需要人民的投票同意，那麼窮人與女性也都應該享有投票權。但是，在北美的現實狀況則是，當他們取得權力之後也未賦予窮人與女性投票權，這除了證明他們的言行不一，也讓人更沒有理由要相信這些主張。[21]同樣的道理，在新成立的美利堅合眾國的民主制度下，少數反對者必須要服從多數人之決議，塔克因此質問道，這豈不違背了他們所鼓吹的每個人與生俱來都具有不服從的自然權利嗎？另一個問題就是北美居民將革命視為一種權利。塔克雖承認民眾確實有推翻政府的權利，但是他認為這不應該被多加探討。除了人民實際需要發動革命的機會寥寥可數外，也是因為革命必然會導致法紀無存的無政府狀態，因此不應對這些說法著墨過多以免污染母國大不列顛的人心。[22]塔克更擔心普萊斯他們對自然權利的重視與強調，會將維繫人類社會運作的商業以及倫理紐帶一併摧毀。[23]

因此，塔克將洛克的譬喻依字面意義解釋，方才造成以上所說的誤解。例如塔克便將契約論以字面解釋為白紙黑字的條約：

> 洛克的信徒們還不願意屈尊告訴我們，究竟著名的原始契約的任何一份複本存在於哪裡，用哪種語言寫的，在誰那兒可以找到，誰曾經目睹過，在哪個檔案

當中能夠找到。[24]

但若從塔克對於激進派的反感來思考這種曲解，並不令人訝異。誠如波考克所言，塔克之所以疾呼北美居民應儘快從大不列顛分離出去，不是因為北美人擁有獨立的權利，而主要是因為他們是一群具有煽動性的危險份子，不應該讓他們的有害思想荼毒母國大不列顛的居民。在導論中雖然提過塔克的政治與宗教思想之間密切結合，但是他反對將宗教自由與政治上的自由相提並論。[25]因此像是普萊斯所鼓吹的：

沒有人可以放棄自己在宗教上的決定權，讓渡他們的宗教自由……也沒有任何公民社會中的公民能放棄他們自己立法及管理自己財產的權利……這種放棄將與人性中的不可侵犯的權利相互矛盾。[26]

這種將宗教自由和公民自由等同齊觀的說法，使塔克將北美人所主張的激進政治理論，與北美居民的祖先清教徒聯繫起來。塔克認為現在北美人士的主張，讓人不禁想起一百多年前發起內戰處決查理一世的清教徒。無論是十七世紀內戰的國會派，或是十八世紀當前北美的革命份子，他們都混淆了公民自由與宗教自由，塔克攻擊他們是一群墮落的清教徒。這種腐化尤其體現在積極替北美洲獨立鼓動喉舌的普萊斯與普里斯特利這兩位「不服從國教會的新教徒」（the Dissenters）身上。正是因為他們混淆了公民自由與宗教自由，才會有上述墮落的清教徒精神。塔克認為他們兩人曲解了基督教義，而且濫用自然權利來聲張沒有人民同意的政府便不存在正當性。[27]與此相對，政府的權威並非來自人民主權，而是來自上帝的賜與，神意是人民必須要服從政府的終極理由，上帝所指定的政府形式為君主政體。[28]英格蘭長期累積的政治傳統，即國王、貴族和平民之間已臻完美的平衡關係，他說：

> 我國的政體就算發生一千次革命，仍是一種公共信託，也就是準契約，這項約定俗成的體制……不僅在財產分配上如此，對政府保障該財產的權力亦為如此……支持既定法案，並反對未經時間考驗的計畫……一個國家正是以此為根據長期存在並且欣欣向榮……這是一個連續性的觀念，既在時間方面持續，也在人數和空間方面延伸。這種抉擇不會因在一時間或人事更迭而移轉，也不是烏合之眾的輕浮選擇，而是經過若干世紀的審慎選擇所成就的。[29]

在此傳統下，政府的存在即是神意的展現，所有人服從國家就如服侍上帝一般天經地義。[30]在大不列顛憲政傳統下，自由不但是人類福祉的首要內容，更是核心價值；然而塔克顯然不主張個人的自由，因為在政治社會中，自由並不是孤立的。他理想的自由是一種與既有秩序關係緊密的自由，這種自由在實際運作層次上沒有既定公式，而必須依各群體的不同風俗習慣而變化，但無論如何安排，都須遵守一個原則：讓自由與節制保持適當的平衡。易言之，塔克理想的政治體制，必須要有一定的節制：個人自由得以伸張，同時又能避免遭到濫用，大不列顛的憲政就是一套能夠達成上述理想的政治體制。[31]

除了這些優點，塔克也以時效原則來論證大不列顛憲政的合法性：大不列顛憲政制度的合法性並不建立於某種理論，而是歷史傳承的產物，在人們早已不復記憶的年代就已存在。換句話說，大不列顛憲法制度的長久歷史，即為其自身合法性的最佳證據。根據時效原則，一項財產的最初取得方式可能不甚光彩，但隨著時間的流逝，將逐漸合乎法律及正義，且過去的瑕疵亦會逐漸淡化。[32]塔克對於政權正當性亦採相同主張，亦即政權實際的統治績效比起是否名正言順來得更為重要。是故：

（人們）毋須對於統治者的最初頭銜追根究柢……能夠保護良好公民，懲罰作惡之人，同時保護群眾免於外敵攻擊，這就足以構成政權乃是上帝應許的理由。[33]

每個國家不免有少部分人質疑政權之正當性，然而執政政權之所以能夠建立必然都是得到上帝的應許，它們因此也就具有上帝所賦予的正當性，人民必須全心服從，而不應有所質疑。[34]例如，一七四五年前大不列顛正為了詹姆斯黨人叛亂而緊張時，塔克寫了一本小冊子探討漢諾威王室的合法正當性。他指出，政權的更替只有在非常極端的狀態，例如一六八八年的情形方能實踐，而當前（一七四五年）的政府並未墮落到那樣的地步。此外，即使現在統治家族的正當性受到質疑，也不可以解除一六八八年人民與政府所建立的準契約關係。塔克指出根據使徒保羅以及英格蘭國教會的誡命，一旦政府成立，即使源於叛亂，其權威也應該被接受。[35]同時，塔克也認為漢諾威王室的正當性無可置疑。塔克說斯圖亞特家族的祖先是亨利二世第五子約翰王（King John, 1166-1216）的私生子，而國王喬治二世則是約翰國王的妹妹瑪蒂爾達（Matilda of

England, Duchess of Saxony, 1156-1189）與巴伐利亞公爵獅子亨利（Henry the Lion, 1129-1195）的後代。塔克自陳並非血緣正統論的強烈擁護者，但是他要用這段歷史來質疑那些相信發兵入侵的查爾斯・愛德華・斯圖亞特（Charles Edward, 1720-1788）正當性的詹姆斯黨人。[36]塔克所強調的論點是：任何形式的政權統治一旦穩定牢固之後，除非極端情況發生，否則必須堅持服從。他在近十四年後發表的論文仍持相同的論點。他寫道：

> 自一六八八年光榮革命以來，我們的財政和商業體系在某種程度上已經站在一個新基礎上，並且對我們的國家十分有利。[37]

塔克認為一六八九年以降的政府，乃至於一七一五年以後的漢諾威王朝，將近六十年的平穩政權讓人民過得更加安全與富裕，這本身所積累的歷史成就便有正當性，並不會因為某些缺點而被撼動。簡言之，一種政治傳統若能夠通過時間考驗而延續，恰證明此一傳統的存在有其合理性。塔克雖然推崇英格蘭憲政制度，但也不否認其有缺點。可喜的是，由於英格蘭憲法含有自我革新的精神，所以英格蘭憲政史上不乏主動修憲的先例，以此適應國際環境與社會風俗的不斷變化。有鑑於此，英格蘭憲政秩序的運作方式，實與世界秩序始終保持適當且良性的互動。英格蘭憲法逐步革新的重要特性，是一方面保留傳統，另一方面也不排除改進的可能性，英格蘭憲制的革新因此始終維持一種溫和的精神。塔克堅信政府的權威乃是由上帝意旨授與而來，祂之所以賦與英格蘭如此優良的政府形式，除了體現出英格蘭人民是上帝的揀選之外，也證明了當前英格蘭政府的施政作為皆是行走在正確的道路上。這種將政治與神學融匯在一起的解釋方式，正是塔克宗教與政治思想交會的關鍵所在。[38]

1723-1791

Richard Price
理查・普萊斯

理查・普萊斯因其知識的廣袤和對宗教與公民自由的主張而聲名遠播，作為一位不服從國教會的新教徒的牧師、教育家、神學家、道德哲學家、數學家、金融專家，以及評論美國和法國革命的最暢銷的政治宣傳家，他在大不列顛、美國和法國都很有名。

普萊斯與英國重要的政治家（特別是謝爾本勳爵）有所交往，在不服從國教會的新教徒圈子中受到歡迎（甚至是普里斯特利這樣著名的爭議者也歡迎他），並與法國和美國的主要人物，如杜爾哥、孔多塞、米拉波、傑佛遜、富蘭克林、拉許、約翰・亞當斯等人通信。普萊斯在世時被授予美國和法國的公民身分，一七九一年去世時，整個大西洋世界的改革者都視他為「自由的使徒」而深深哀悼。儘管如此，但他也因宗教和政治觀點受到激烈攻擊，其道德哲學和宗教觀點被批評為淺薄不一，還被指責是政治狂人，煽動眾人的狂熱、擾亂公共秩序。時至今日，人們對他的印象最深的或許是：他正是柏克《對法國革命的思考》書中主要抨擊的那位大不列顛作家。

一七六〇年代和一七七〇年代初，普萊斯的主要名聲建立在他對數學概率、預期壽命和國債的研究上，並因而贏得皇家學會院士的身

《廢除檢覈法》（Repeal of the Test Act, Engraver），James Sayers, 1790

此為《檢覈法》反對者所繪製的漫畫，講壇上的三人分別為約瑟夫・普里斯特利、理查・普萊斯和西奧菲勒斯・林賽，都是當時主張宗教自由、廢除《檢覈法》的代表人物。

分；他同時也以專業的國債研究成為當時政府財政專家之一。然而普萊斯並不滿足於做一個理論上的道德家和數學家，他對實際問題也深感興趣。普萊斯不僅為了異教徒的權益而鬥爭，也認為英國的政治需要大加改革。

一七六〇年，普萊斯與富蘭克林結識，與富蘭克林在科學知識上密切交流的普里斯特利也一起聚會。富蘭克林自稱他與這群最喜歡在倫敦咖啡館一起用餐的團體為「誠實輝格人俱樂部」。該團體是一個反對大不列顛政府、支持美國的知識團體，成員多持不同政見，其中也有大量神職人員。核心成員包括理查・普萊斯、富蘭克林和詹姆斯・伯（James Burgh），普里斯特利若在倫敦也會參加，詹姆斯・伯在對科西嘉島的獨立抗爭感興趣時參加過幾次，他記錄下俱樂部中的氣氛：「它由神職人員、醫生和其他一些職業組成……。我們在桌子上放了葡萄酒和潘趣酒。我們中的一些人抽著煙斗，談話進行得很正式，有時很理智，有時很憤怒。在九點時會送上一個餐具櫃，裡頭有威爾士兔肉和蘋果泡芙、波特酒和啤酒。結帳時一個人是十八便士。今天晚上有很多人反對議會。我說，既然大家似乎都認為所有的議員都會變得腐敗，那麼我們最好是挑選已經腐敗的人進入議會，這樣就可以拯救二十個好人。」

一七六五年十二月五日，普萊斯當選皇家學會院士後不久，就被邀請協助公平保險協會。該協會成立於一七六二年，出售年金，對那些希望為自己的晚年生活和受撫養人提供保障的人來說很有吸引力。普萊斯協助就預期壽命的趨勢加以精算，其工作成果發表於一七七一年的《養老金支付的觀察》，該書大獲成功，多次再版，許多保險協會也在這段時間成立，普萊斯的研究對該產業頗具助益。

一七七一年，普萊斯結識了第二任謝爾本伯爵威廉・佩蒂（William

Petty），謝爾本的第一任妻子當時剛去世，他在普萊斯的《論天意》和《論期望有德行的人死後能在幸福中相遇的理由》中找到了慰藉，很欣賞普萊斯，因此普萊斯很快就加入了「博伍德圈子」（Bowood Group）。這是知識份子和專業人士的非正式聚會，他們在謝爾本的博伍德莊園或住處聚會，就各種問題提供建議，可說是十八世紀的「智囊團」，它讓伯爵了解各界發展及當前的政經局勢，普里斯特利和邊沁也都是成員之一。

普萊斯為謝爾本伯爵提供財政建議，伯爵則提供官方統計資料來幫助普萊斯，並給予贊助，普萊斯因此有機會接觸到查塔姆伯爵（the earl of Chatham）等人，進而代表不服從國教會的新教徒尋求查塔姆支持取消宣誓效忠《三十九條信綱》，並要求廢除《地方公職法》和《檢覈法》。

早在一七七二年，普萊斯便指出，公民和宗教自由在大不列顛已朝不保夕：「美洲是這個國家大多數尋求自由的朋友現在正在追尋的國家；而且在未來的某個時期，它可能是他們將全部移往的國家。」因此，他敦促北美人「抵制……一切使他們淪為公民或精神奴隸的企圖。」一七七六年，普萊斯在《公民自由性質觀察》中將公民自由建立在同意和代表的原則上，以此證明美國獨立的正當性。普萊斯試圖說服他的同胞，美國為自己的自由而戰，也是為大不列顛的自由而戰。正如當時偉大的日記家霍勒斯・沃波爾（Horace Walpole）所報告的那樣，這本小冊子「引起巨大的轟動」，出版後兩天內就賣出一千本，一年內發行十四個英文版本，銷售超過六萬本。一七八九年十一月四日，在紀念一六八八年光榮革命的倫敦革命協會會議上，普萊斯主張光榮革命提供了美國與法國革命的典範，而反過來，這兩場革命也可以是為大不列顛人指明改善自由主張之路的兩盞明燈。

1733-1804

Joseph Priestley

約瑟夫・普里斯特利

約瑟夫・普里斯特利是英格蘭啟蒙運動的主要人物，多才多藝，其發表作品包括一百五十餘本的書籍、小冊子以及期刊論文。十九世紀初為普里斯特利所編的作品集，除去科學部分，共有二十六卷，而科學部分至少可以再加上五卷。在今天，普里斯特利最為人所知的是其科學成就，他分離並發現了包括氧氣在內的七種氣體以及碳酸水（也就是我們所說的「汽水」）。他同時也是十八世紀「一位論」（unitarianism）神學的積極倡導者，以及政治教育的改革者。普里斯特利呼籲全面的宗教寬容和充分的思想與新聞自由，支持民主倡議，宣稱大不列顛憲法遠不如多數大不列顛人想像的完美，大不列顛迫切需要深入改革議會、法律、社會、教會和教育制度。普里斯特利的著作在當時文人圈中頗受重視，像是一七七〇年休謨寫信給斯密，信末便請斯密拜訪他時記得帶上兩本他跟休謨借的書，其中一本便是普里斯特利所著的語法書。

在美國革命與在法國大革命上，普里斯特利都是支持革命者。吉朋對此譴責普里斯特利預言政府力量的衰落是實現政教分離的唯一途徑；塔克則希望將殖民地從帝國驅逐出去，以防英美如普里斯特利這種「一位論」者形成的聯盟接管帝國並且

《普里斯特利，氧氣發現者》
（Joseph Priestley, the discoverer of oxygen，Ernest Board繪）

1791年7月，當普里斯特利得知即將遭到反對他的暴徒襲擊時，他正在伯明罕的家中玩西洋雙陸棋。襲擊發生於14日至16日，這幅畫中的圖書館、家具和設備都遭毀壞。普里斯特利本人逃到倫敦的哈克尼。

顛覆了英格蘭國教會。不過我們不該誤會普里斯特利是徹底的民主主義者，他並未支持全民普選。休謨、普里斯特利、亞當·弗格森和理查·普萊斯等人都認為，純粹形式的民主是一種暴民統治，它與君主專制一樣不可取，甚至更不可取。

一七九一年，普里斯特利寫給柏克的信上是這麼說的：「隨著真正的公民政府原則的普遍推廣，我們可以期待看到所有民族偏見和敵意的滅絕，以及各國之間建立起普遍的和平與善意。」另外，他也提到：「如果承認柏克先生所提出的原則，那麼人類總是要像他們被治理的那樣被治理，而不需要對其政府的性質或起源進行任何調查。人民的選擇不在考慮之列……根據這些原則，教會或國家一旦建立，必須永遠保持不變。這顯然是柏克先生這本小冊子的真正意涵。」他已經不再認為英國是最好的憲法，而英格蘭國教會現在似乎是「基督教這株高貴植物上的真菌。」他放棄了主權在於國王、下議院和上議院之間的平衡觀點，他現在認為，「我們唯一合適的主權者」，是議會。

普里斯特利對於法國大革命早期的發展感到樂觀，但是他並未支持後來迅速走向激進的發展。不過，在當時大不列顛的恐懼氣氛下，再加上普里斯特利自一七八〇年代開始積極鼓吹廢除《地方公職法》和《檢覈法》，一七八七年他寫給皮特的信中譴責首相未能通過廢除《檢覈法》來減輕不服從國教會的新教徒的負擔，他蔑視皮特對主教的叩拜，因主教「在所有的歷史中都被記錄為最嫉妒、最膽小的人，當然也是最善於報復的人。」這種煽動性的言論使得普里斯特利樹立許多敵人。加上不少民眾認定他是法國革命分子的同路人，最終導致他在伯明罕的住家與實驗室於一七九一年為暴民所燒毀，普里斯特利後來於一七九四年移居美國賓州。

啓蒙光譜下的塔克

目前的研究多指出，英格蘭啟蒙樂意以世俗精神來探索、解決社會與政治問題，甚至在更深入的層面上，當傳統與理性相互衝突時，會以實用知識來變通修正。[39] 例如學者約翰・羅伯森（John Robertson）便認為一七四〇年之後，英格蘭的文人不再將焦點放在宗教爭議上，而是關注於如何讓大眾享受一個美好的現世人生。[40]

雖然啟蒙思想家對於「進步」的說法人言言殊，但是他們大致都認為各方面的進步可以達致，相信這世界正在以有規則的步伐邁向敢於運用理性的方向。[41] 那麼塔克是如何看待理性的呢？他認為人性由兩個部分組成，一個是性情（inclination），另一部分則是理性，而且理性在他看來可以控制性情，並導引人類的所作所為。[42] 他是這樣定義理性的：

> 理性能夠指引人類自愛心（self-love）的方向，讓它在追求自己利益的同時促進公共利益。[43]

塔克相信人天生便具有理性，也支持人們勇於加以運用。基於肯定平民也具有相同的能力，故塔克也主張他們應有接受教育的機會。[44]

「我們英格蘭更加啟蒙」——不只運用理性，更讓它付諸實踐

塔克認同歐洲正處於一個啟蒙時代：「我十分激賞蘇格蘭文人的貢獻……是當前啟蒙歐洲的榮耀。」[45]那麼，英格蘭的啟蒙與法國或其他地區相比較之下有什麼特質呢？他如此回答：

> 英格蘭人不同於其他地區之處在於，英格蘭人除了運用理性外，更重要的是會將它付諸實踐。[46]

英格蘭之所以發展富強不是來自徒口空談理論，而是關注現實社會的脈動並設法將理想落實到人類世界。他說：

> 我們英格蘭比起你們法國更加啟蒙（我指的是實際知識，而非抽象知識）。[47]

正如波特所言，與其說英格蘭的啟蒙是一個「理性時代」（age of reason），毋寧說是一個「追求合理性的時代」（age of reasonableness），這是什麼意思呢？波特指出英格蘭啟蒙有幾個特點，首先是重視發展實用知識以及科學；此外，對其他宗教抱持寬容的態度，不恪守教條化的倫理教條。[48]第二章曾討論塔克對於自利的樂觀與推崇，若根據波特的說法，這正是啟蒙運動與過去時代的不同之處。此時人們的思考與行動重心從教養轉向經濟活動，其中便包括了用理性來解釋自私與自利，並將其視為啟蒙的意識型態，亦可說是肯定了自利心，並將其美德化以及「將奢侈、自傲給『去道德化』」。隨著自由放任（laissez-faire）學說興起，經濟活動逐漸與傳統價值觀脫鉤，並發展出一套新的價值觀。[49]《國富論》中的著名例子便清楚地呈現了這種想法：「我們每日有得吃喝，並非由於肉販、酒商或麵包商的仁心善行，而是由於他們關心自己的利益。我們訴諸的是他們的自利心而非人道精神，我們不會向他們訴說我們多麼匱乏可憐，而只會告訴他們能獲得什麼好處。」[50]波特認為斯密放任市場決定的想法正體現了啟蒙運動相信人類社會依照特定規律自然發展的傾向。若以此為判斷標準，塔克顯然同是啟蒙運動的一份子，他討論政治經濟學所得出的論點，與啟蒙運動重要思想家大多相似，可以論斷十八世紀的政治經濟學並不必然為世俗化下的產物，而可以與宗教信仰相依存。[51]

宗教寬容以及寬容少數族群皆是啟蒙運動的核心思想，是啟蒙思想家有關人與社會的普遍命題。[52]啟蒙思想家要求寬容並不只是出於懷疑主義或是激情，而往往是基於現實面的實際考量。他們認為社會是一個複雜的整體，由具有不同利益與背景的個人所構成，意見和行為的分歧在所難免，但這種分歧應該被鼓勵。誠如洛克所說，寬容非但不會加速社會內部的分裂傾軋，反而可以保障整個社會的和諧。啟蒙運動追求國際和平，也就是其對於國內同胞寬容主張的擴大與普及，由此亦可看出他們如何務實地完成理想。[53]

過去學者對於英格蘭是否發生過啟蒙運動抱持質疑態度，他們認為十八世紀的英格蘭菁英缺乏其他國家的自覺與熱情，相較之下，法國有一群聯繫密切的哲士，不僅具備高度自覺意識，且對既有體制嚴加批判。[54]不過，波特認為這種說法不僅將啟蒙運動侷限在一種變革行動或是改造傳統的企圖，而且這種定義的啟蒙主張實際上只有少數哲士在實踐，同時代大多數的文人並不如此作為。然而真正將啟蒙知識傳佈給大眾的其實是這些為數眾多的溫和派文人（moderates）。誠如約翰・加斯冠（John

Gascoigne）所指出的，這一群人才是對該時代文化及思考方式具有形塑作用的人，正因為他們的作品較不會激起爭議，因此與訴求行動激烈的哲士相比，相對不會受到注意。波特認為法國啟蒙的特色是鼓吹某些明確的理念，並且對國家、教會等既有體制直接批判；而英格蘭啟蒙的特色則是較不易為人察覺的一套思想與態度，之所以如此正是因為啟蒙價值早已深入英格蘭社會。[55]總結而言，真正具社會影響力的並非是光譜極端或走在最前頭的哲士，而是受既有社會價值觀認可，而又能夠在舊秩序中溫和改革的人。英格蘭啟蒙哲士便兼備了具完整思想體系的倡議者以及務實的行動者兩種特質。

塔克的主張與此無疑相當接近，他的思想與波考克所說的「保守啟蒙」甚為吻合：審慎含蓄、支持穩定的政教關係以及鼓吹經濟上的富裕。英格蘭國教會肯定好禮與商業社會的價值，也由於肯定商業社會，塔克對於政治經濟學有相當深入的探討，指出商業的進步除了能讓社會關係更為多元化，更相信此乃為神恩的明白彰顯。[56]若從另一位學者亨利・梅（Henry May）對啟蒙思想的定義——認同現在的社會比過去好，相信人類透過天賦能力便能有效地理解這個世界——來觀察，塔克顯然也位處其中。[57]

神恩與商業社會

在塔克的思想中，神恩不僅指引了現世政治秩序，也彰顯於現代歐洲繁榮的商業之中。塔克認為商業社會就是最為自然的社會，人與人之間的交換，不僅是自然天性，也是神意所在。[58]他相信貿易會帶來正面效用，如同赫希曼（Albert O. Hirschman, 1915-2012）所指出，塔克等思想家認為商業貿易可以讓人們更為斯文有禮，並且改善國際政治關係。國際貿易愈繁盛，人們透過頻繁地往來便會更熟悉彼此，對待彼此也會愈為有禮。因此，若是國家之間發生衝突，也能比過去更為妥善地解決。[59]

那麼什麼是商業的原則呢？塔克說：誠實、準時交貨、公平交易，彼此包容並且有耐心；此外像是勤奮、節儉等都是商業的重要原則。[60]然而，看似世俗追求的商業社會與神意有何關係？塔克認為每個國家擁有不同的特產，這其實是神意鼓勵各國積極貿易的誘因。[61]上帝安排讓世界的資源分散在各地，眾人必須相互往來交換，方能取得更好的生活，[62]這正是神恩的彰顯：

在自然世界中，我們慈愛的造物主創造了不同的地形氣候，因此不同地區的居

> 民能夠以各地的特產互相供應，從這些貿易中將逐漸發展出一種互相得利的機制。就算是在自然環境相差不大的地方，我們也會發現不同地區的人，想法差異甚大……尤有甚者，人性深處的追求新事物的本能和渴望，讓所有人都想成為對方的顧客，這便是另外一個神意的神奇展現。[63]

商業的法則就是神恩的體現，與倫理規範也是一體兩面，只要一個國家按部就班地從事貿易，不僅能讓國內百姓享有更好的生活，貿易愈蓬勃，不同國家之間也會因為熟悉而消除彼此的敵意，世界的整體道德程度也將隨之提升。[64]

誠如論者所言，十八世紀的大不列顛思想家（包括塔克在內）認為他們所處的商業社會與過去截然不同，而這也與神的旨意密切相關；正如基督教中「普遍利他」（universal benevolence）的觀念，過去往往因為各國保護各自利益而忽略或被置於次要考量，而只有在國際貿易條件成熟的十八世紀，他們才能藉由貿易將原先僅限於同一國家國內同胞的情感轉化為普世的人道精神。然而，格外要注意的是，塔克認為國際貿易若是缺乏宗教信仰，終究只是徒勞一場；必須要有上帝的指引，商業與貿易方能展現出優點。[65]商業、國家、宗教三者一體，只要有一方與其他兩方面相互衝突，就必然有待補正之處。[66]

在塔克看來，宗教法則跟人性中的勤奮無疑完美地吻合。建設商業體系的人也是在建立宗教體系，兩個體系的目標就是要追求神恩。[67]對神意的這種解釋方式，在當時十分普遍，像是與塔克書信來往的蘇格蘭啟蒙領袖之一法官亨利・霍姆也是這樣說道：

> 神恩的意旨就是要所有的國家都能因為商業而獲利……某個國家獨大、獨自佔有財富是錯誤的。人無論是基於責任或是利益，都必須遵從神恩的安排，所以要儘可能地維持國際貿易之間的公平。[68]

他們相信，商業與貿易便是上帝所創造出要讓所有人類團結相愛的方式。[69]正如十八世紀初的一位作家約翰・海恩斯（John Haynes）如此寫道：

> 神恩最為顯著之處便在於讓不同國家、不同地區擁有特定的產物，有些地方產量多，有些地方產量少，所以他們必須要互相依賴。[70]

塔克相信人類世界之所以貨物分散在各地而非集中在一處，以及不同地區的人們必須互相交換、各地擁有不同的特產，顯然都是慈愛上帝的恩賜。[71]在神的恩惠下，商業與美德是一致的：

> 神意從未要讓人類如野獸般相互殘殺，相反地，萬能的造物主已經安排好，所有合乎倫理規範的行為，也都將在商業上有著恆久的利益。[72]

他所認知的神意，顯然是《新約聖經》中的上帝形象。這個上帝十分容易理解，只要行為端正就可以獲得獎賞，合乎人類生活世界中的理性。[73]而且，祂不是像《舊約聖經》那樣難以揣度，有時甚至令人畏懼。塔克的基督教信仰無疑深深影響其經濟主張，他認為自由貿易就是神意本身或者是一定程度上的展現：

> 萬能的神意希望不同國家之間互補有無，而非爭得你死我活。因此傳佈自由貿易的道理，就如同宣揚純正的基督教……神意安排不同國家滿足彼此的需

求……因此推行自由貿易也就是推行真正的基督教。[74]

自然世界中的規律性為神意的展現，而自由市場下，各國依其比較利益進行各自最擅長的產業，這種井然有序亦被塔克解釋為上帝對於人類的慈愛：

自由貿易會帶給人們言論以及思想上的自由，也會帶來稅收的增加。此外，專制君王不會希望他的全部臣民都變得富有，因為這會使他的權勢財富不再獨特。而可以讓更多人富有的自由貿易因此對於君主專制產生了壓抑作用。[75]

各國之間以及各國之內的人民因為貿易而在物質生活上有所改善。塔克重申商業能將個別市民結合起來，發展出更強的社會關係與聯繫，因此市民社會唯有邁入以商業為主的商業時代之後才會出現；在商業社會中，一般市民才能對政治發揮較過去更多的影響力。[76]

基於這種思想，塔克對商業的見解便與過去的重商主義十分不同。首先，塔克認為國家的經濟成長，很大部分來自國內產業的產出，而非從國際貿易取得。第二，塔克指出政府對於貿易的管制，不但往往不是合理的調控，更可能阻礙發展。[77]雖然對既有的重商思想多所批判，但是塔克也並非完全的自由貿易者，或可稱之為「新重商主義」。他主張調和經濟上的自由主義與民族主義，以出於民族主義的立場來要求更自由開放的貿易，也就是將經濟政策作為提高大不列顛國力的首要手段。[78]隨著重商主義的發展，包括塔克在內的許多人發現大不列顛追求擴張本國商業的同時，並不一定要去掠奪其他國家。有些學者也已開始呼籲重商主義其實不只有一種面貌，例如塔克的重商主義，便主張國際貿易可以有雙方互利一齊進步的可能性，這與十七世紀末至十八世紀初的盛行的那種「唯有一方能獨得利益」的掠奪式重商主義十分不同。[79]塔克認為先進國家的一個核心價值便是普遍性的利他精神，對貿易採取更自由的態度便是實踐此信念的具體方式。這種對於「他國」的利他態度，除了能讓宗教信仰更堅定，更能對於其他窮苦的同胞善盡倫理上的責任。自由貿易不僅讓中上階層得以實踐既自愛又利他的生活，同時也獲得了一個服膺基督教倫理的成熟生命。[80]

塔克將自由貿易解釋為神恩，說明為何人類社會邁入商業社會；而之所以在某些時候人們要妥協某些自由貿易原則，則是因為人類社會十分複雜且非完美，因此在達成終極目標之前，政府必須介入並加以輔導。從塔克對神恩的理解來觀察，不僅能更深入塔克的思想，也能更精確地掌握十八世紀國教會與商業社會的關係。塔克向民眾的講道中，不斷重申在上帝的法則中，只要是合乎倫理規範的行為，也必然可以獲利。而獨占壟斷這些行為，顯然違反了商業上的倫理規範，因此必須被消滅，以開放自由的貿易取而代之。

十八世紀的英格蘭神職人員一如學者楊恩所言，追求的是「基督教道德經濟學」（Christian moral economy），其中，宗教、商業與現實政治三者之間的關係密不可分：商業法則與上帝意旨並行不悖，在商業上追求自利的同時，不僅不會損害反而有助公共利益。塔克的著作也可稱為基督教道德經濟學：相信上帝是和善的，並且保證個人的利益必定能與普遍的道德秩序取得和諧。[81]上帝有著龐大計畫，耗費許多精力來照顧人類，並且要讓人有能力獲致永恆幸福。神意希望全世界的人與人之間都能夠互相聯絡並且彼此依賴，因此任何人若獨立於鄰國之外，絕對無法生存下去。[82]這樣的神意毋寧說是一種神恩，它不僅親切宜人，更是一種讓人類得以和平相處的無盡恩賜。人類是上帝所眷顧喜愛的生命，不僅死後能進入幸福的天堂，這種寵愛還表現在上帝在現世為人們所安排好的一切。[83]總而言之，塔克認為倫理與經濟密切相關，而且彼此的關係必然是和諧的，因為對他而言，宣揚傳佈倫理原則就跟教導人們如何做出最有智慧的經濟行為一樣，不僅能讓國家貿易更上層樓，也能幫助國家以及人民在道德和對上帝的認識上更為深入。他在教會的講道中不斷宣揚經濟自由貿易的觀念，也正是英格蘭啟蒙重視現實、積極教化大眾的明確表現。[84]

本章註

1 Timothy Stanton, 'Locke and His Influence', in *The Oxford Handbook of British Philosophy in the Eighteenth Century*, ed. by James A. Harris (Oxford: Oxford University Press, 2013), pp. 36-37.

2 Josiah Tucker, *A Treatise Concerning Civil Government*, p. 430.

3 Ibid, pp. 137-159.

4 Ibid, p. 50.

5 Ibid, pp. 42, 93-96.

6 Ibid, pp. 23-28, 42, 93-96

7 Ibid, p. 141.

8 Ibid, p. 139.

9 Ibid, p. 163.

10 J.G.A. Pocock, *Virtue, Commerce and History*, pp. 157-191.

11 J. W. Gough, *The Social Contract* (Oxford: Clarendon Press, 1957), p. 135n2.

12 James Tully, "Placing the 'Two Treatises," in Nicholas Phillipson and Quentin Skinner eds., *Political Discourse in Early Modern Britain*, p. 263; H.T. Dickinson, "Whiggism in the Eighteenth Century," in John Cannon ed., *The Whig Ascendency: Colloquies on Hanoverian England* (New York: St. Martin Press, 1981), pp. 36-37.

13 H.T. Dickinson, *The Politics of the People in Eighteenth-Century Britain*, p. 196.

14 Donald Winch, *Riches and Poverty: An Intellectual History of Political Economy in Britain, 1750-1834* (Cambridge: Cambridge University Press, 1996), p. 145.

15 John Locke, *An Essay Concerning Human Understanding*, ed. Peter H. Nidditch, pp. 427-428.

16 John Dunn著，李連江譯，《洛克》（臺北：聯經出版，一九八〇），頁六十二。

17 George Shelton, *Dean Tucker*, pp. 231-233.

18 Josiah Tucker, *Tract V*, pp. 38-39.

19 D. O. Thomas, "Introduction," in Richard Price, *Political Writings* ed. D. O. Thomas (Cambridge: Cambridge University Press, 1991), pp. xix-xx.

20 楊肅獻，〈柏克思想與英格蘭啟蒙運動〉，頁一六二至一六三。

21 Josiah Tucker, *A Treatise Concerning Civil Government*, pp. 25-27.

22 Ibid, pp. 34, 421-422.

23 J.G.A. Pocock, "Introduction," in Edmund Burke, *Reflection on the Revolution in France*, ed. J.G.A. Pocock (Indianapolis: Hackett, 1987), pp. xv-xvi.

24 Josiah Tucker, *A Treatise Concerning Civil Government*, p. 42.

25 Ibid, p. 30.

26 Richard Price, *Two Tracts on Civil Liberty* (London: T. Cadell, 1778), p. 25.

27 J.G.A. Pocock, *Virtue, Commerce and History*, pp. 157-191.

28 Josiah Tucker, *A Treatise Concerning Civil Government*, pp. 85-6, 417, 422-6.

29 Ibid, p. 146.

30 H.T. Dickinson, *Liberty and Property*, p. 296.

31 Josiah Tucker, *A Treatise concerning Civil Government*, pp. 89-105.

32 Josiah Tucker, *Two Dissertations on Certain Passages of Holy Scripture*, p. 39; 楊肅獻，〈啟蒙、改革與傳統：柏克的政治思維〉，頁26-28。

33 Josiah Tucker, *A Treatise Concerning Civil Government*, pp. 85-86.

34 Josiah Tucker, *Two Dissertations on Certain Passages of Holy Scripture*, p. 39.

35 Josiah Tucker, Appendix: *A Calm Address to All Parties in Religion, Concerning Disaffection to the Present Government* (1745), in *Reflections on the Expediency of a Law for the Naturalization of Foreign Protestants* (London: T. Trye, 1751), pp. 58-60.

36 Josiah Tucker, Appendix: *A Calm Address to All Parties in Religion, Concerning Disaffection to the Present Government* (1745), in *Reflections on the Expediency of a Law for the Naturalization of Foreign Protestants* (London: T. Trye, 1751), pp. 61-62.

37 Josiah Tucker, Appendix: *A Calm Address to All Parties in Religion, Concerning Disaffection to the Present Government* (1745), in *Reflections on the Expediency of a Law for the Naturalization of Foreign Protestants* (London: T. Trye, 1751), pp. 65.

38 Josiah Tucker, *A Treatise Concerning Civil Government*, pp. 422-6.

39 John Gascoigne, *Joseph Banks and the English Enlightenment*, p. 55.

40 John Robertson, *The Case for the Enlightenment: Scotland and Naples*, 1680-1760 (Cambridge: Cambridge University Press, 2005), pp. 7-8.

41 Peter Gay, *Enlightenment: the Science of Freedom*, p. 99.

42 Josiah Tucker, *Seventeen Sermons*, p. 132.

43 Josiah Tucker, *Elements of Commerce and Theories of Taxes*, p. 59.

44 Josiah Tucker, *Instructions for Travellers*, p. 67.

45 Josiah Tucker, *A Treatise concerning Civil Government*, p. 376.

46 Josiah Tucker, *Cui Bono*, p. 56.

47 Ibid, p. 58.

48 Roy Porter, *Enlightenment*, p. 389.

49 Ibid, p. 396.

50 Adam Smith著，謝宗林、李華夏合譯，《國富論》（臺北：先覺，二〇〇〇），頁三十。

51 B. W. Young, "Christianity, Commerce and the Canon: Josiah Tucker and Richard Woodward on Political Economy," p. 395.

52 Earnest Cassier著，李日章譯，《啟蒙運動的哲學》，頁一六一。

53 Peter Gay著，梁永安譯，《啟蒙運動：自由之科學》，頁四七四至四七七。

54 Franco Venturi, *Utopia and Reform in the Enlightenment* (London: Cambridge University Press, 1971), pp. 126-132; R.R. Palmer, "Turgot: Paragon of the Continental Enlightenment," *Journal of Law and Economics* 19 (1976), pp. 607-619.

55 Roy Porter, "The Enlightenment in England," pp. 6-8; John Gascoigne, *Joseph Banks and the English Enlightenment*, p. 34.

56 J.G.A. Pocock, "Clergy and Commerce: the Conservative Enlightenment in England," in Raffaele Ajello et al. eds., *L'Eta dei Lumi: studi slorici suI settecento europeo in onore di Franco Venturi* (Napoli: Jovene Editore, 1985), vol. 1, pp. 523-562; J.G.A. Pocock, "Within the Margins: The Definitions of Orthodoxy," in Roger Lund ed., *The Margins of Orthodoxy: Heterodox Writing and Cultural Response, 1660-1750* (Cambridge: Cambridge University Press, 1995), pp. 33-53.

57 Henry May, *The Enlightenment in America*, p. iv.

58 J.G.A. Pocock, *Virtue, Commerce and History*, pp. 178-179.

59 Albert O. Hirschman, *Rival Views of Market Society*, p. 109; idm, *The Passions and the Interests*, pp. 79-80.

60 Josiah Tucker, *Seventeen Sermons*, p. 146.

61 Jacob Viner, *The Role of Providence in the Social Order: An Essay in Intellectual History*, p.32.

62 Ibid, p. 67.

63 Josiah Tucker, *The Case of Going War*, pp. 32-35.

64 Josiah Tucker, *Letter to Edmund Burke*, pp. 22-23.

65 Laurence W. Dickey, "Doux-Commerce and Humanitarian Values: Free Trade, Sociability and Universal Benevolence in Eighteenth-Century Thinking," in H. W. Blom and L. C. Winkel eds., *Grotius and the Stoa* (Assen: Royal Van Gorcum, 2004), pp. 315-316.

66 Josiah Tucker, *Seventeen Sermons*, p. 143.

67 Josiah Tucker, *Instructions for Travellers*, p. 73.

68 轉引自Jacob Viner, *Studies in the Theory of International Trade*, p. 103.

69 Jacob Viner, *The Role of Providence in the Social Order*, p. 37.

70 John Haynes, *Great Britain's Glory* (London: J. Marshall, 1715), p. 1.

71 Andrew Hamilton, *Trade and Empire in the Eighteenth-Century Atlantic World*, p. 138; Bernard Semmel, "The Hume-Tucker Debate and Pitt's Trade Proposals," p. 762.

72 Josiah Tucker, *Cui Bono*, p. 47.

73 Josiah Tucker, *Seventeen Sermons*, pp. 26-27.

74 Ibid, pp. 159-161.

75 Josiah Tucker, *The Elements of Commerce and Theory of Taxes*, pp. 197-198; Ludwig von Mises, *Human Action: A Treatise on Economics* (New Haven: Yale University Press, 1949), p. 240.

76 J.G.A. Pocock, *Virtue, Commerce and History*, p. 121.

77 John Crowley, *The Privileges of Independence: Neomercantilism and the American Revolution* (Baltimore: Johns Hopkins University Press, 1993), p. 10.

78 Ibid, p. 77.

79 Richard Wiles, "Mercantilism and the Idea of Progress," pp. 72-73.

80 Josiah Tucker, *The Elements of Commerce and Theory of Taxes*, pp. 3-6.

81 B.W. Young, "Christianity, Commerce and the Canon: Josiah Tucker and Richard Woodward on Political Economy," pp. 385-400; Norman Hampson著，李豐斌譯，《啟蒙運動》，頁一〇一。

82 Josiah Tucker, *Seventeen Sermons*, pp. 267-268; Josiah Tucker, *Brief Essay on Trade*, p. ii.

83 Josiah Tucker, *Sermon 1*, pp.8-9; Jacob Viner, *The Role of Providence in the Social Order*, pp. 17-18.

84 Josiah Tucker, *Seventeen Sermons*, pp. 138-139.

第五章　結論

塔克在一七六六年《糧食昂貴原因指明》（*The Causes of the Dearness of Provisions Assigned*）一書中主張，商業社會中，政府應該重視窮人的痛苦，塔克闡述了窮人與富人之間的義務關係，尤其是後者對前者的道德責任：

我們所享有的大部分便利和福祉都要歸功於勤勞窮人們的汗水，這些窮人無疑有權獲得我們的援助。當這些受苦受難的人不能通過誠實勞動和勤奮工作來提供自己及其無助的家庭舒適的生活時，我們便是不公正且殘酷地對待他們，如果我們不抓住一切機會協助救濟他們，我們就等同徹底失去了人性，不去關注他們的幸福和福祉。[1]

塔克認識到，窮人往往在走投無路下被迫從事非法勾當，他認為慈善作為和教育可能是防止這一切的最佳方式。他也清楚地掌握到，他所處的那個大不列顛社會正處於一個日益複雜、以貨幣為交換形式、經濟專業化與高度分工的時代，因此他強調社會的上下階層與權威差異是自然且具正當性的，這與個人的個性、才能和能力有相應關係。塔克對於「社會」的概念雖秉持十八世紀正面看待商業效應的立場，但核心關懷仍是以基督教的慈善、美德和經濟進步為前景。

塔克的政治和宗教思想深刻影響他的經濟主張，除了上面這則引文，他的其它作品也都清楚體現出這種關懷。過去的研究無論是將塔克視為主張自由貿易還是重商主義，都忽略了他作品中這種神意與商業之間的關係。透過本書可以發現，塔克認為獨占貿易是上帝所賦予的自利心走錯了方向，如果放任其發展，自利心勢必凌駕於利他心之上，所以政府的導引絕對必要，不過這與重商主義時代下的政府干預在本質上截然不同。況且，除了政府的適當導引，塔克並不相信放任國際貿易自由發展能夠推動人與人之間的普遍互利。即便當時像是曼德維爾、休謨等道德哲學作家強調人性之中的本能以及慟感所發揮的作用，塔克雖然部分同意人類本能所發揮的效果，但是他認為人類在亞當墮落之後，人性中充滿缺陷，因此本能中的自利往往會為了自己而不擇手段地摧毀他人。因此，塔克認為更重要的是以基督教的信條，例如憐憫與普遍利他來加以抑制與疏導。雖然消滅自利心是不可能的，但是他試圖將自利心導向促進公共利益的方向。

尤其考慮到富國自利心的發展，便應當適當管制特許公司和商人。隨著貿易所牽涉的人數與範圍日益擴大，塔克認為利他心很有可能被稀釋，所以必須帶入宗教這股節制力量，除了宗教，沒有什麼可以抑制人類的自愛心。唯有在那些將良知、慈善和商業結合在一起的社會中，人類交換關係中固有的互惠性和活力才能生根發芽。

塔克指出，利他的本能在一定程度上能壓抑自私的獨占慾望，他基於這層關心而重視國際貿易，強調海上的航行與商業都應該為宗教目的奉獻，將知識與文明傳佈至世界各地。首先，上帝分配自然資源給人類，並且鼓勵人們互相貿易，因此貿易就是人類自保的手段（同時也藉此跟其他人相互往來）。第二，塔克也主張，自愛如果不受控制，自然而然地發展便會成為不適當的自愛，像是經濟壟斷和國際戰爭，前述上帝鼓勵貿易的安排便會受到阻礙。對此，塔克認為可以改善挽救，他在著作中不厭其煩地提醒讀者，世界上的國家若要設法完成上帝的安排，行為便需要符合倫理規範，而政府便應承擔節制人民並引導他們朝此目標前進的責任，使基督教核心精神之一的

「普遍利他」得以實現，也唯有透過政府與教會的合作，方能將不當的自愛轉換為有益於公利的自愛。這樣的解救之道不會自然發生，人類必須依循倫理原則行事才能達成；利他精神也不能仰賴帶有原罪的人性自然發展，而必須訴求基督教信仰來改善倫理，才能進而達成目標。

塔克這種深刻植基於基督教利他關懷的思想，也生動地體現出英格蘭啟蒙與宗教密切相關的特色。十八世紀啟蒙一個重要的成果就是，激發了宗教圈的創造力以及新主張，尤其是在宗教寬容方面。這個世紀的宗教活力與過去的時代相比是相當強的，塔克便是最好的例子。前面幾章探究塔克與洛克、斯密、柏克等人的關聯，都可以看出他們在思想上的相似性。從塔克對於理性的肯定態度，更可以看出對他而言，理性與信仰毫不衝突，不僅可以找到最佳的平衡，他還以此批評那些過度延伸理性，以致危害當前局勢穩定的激進份子。正如諾曼・漢普生（Norman Hampson, 1922-2011）所言，這個時代與其稱作理性時代，不如更像是一個通情達理的時代。它珍惜善意的人際關係，深信自愛與社會之愛是自然和諧的，並且相信真理與實用價值。英格蘭啟蒙的實用性，就像是身為虔誠國教徒的強生博士（Samuel Johnson, 1709-1784）所言：「我們的第一任務就是要服務社會，當我們完成了這些任務以後，我們才能全心全意地關心靈魂是否得救的問題。」[2]

在政治上，塔克主張有限度的民主政治；在經濟上，他倡議有限制的自由貿易。這些特點，除了可用學界所謂英格蘭啟蒙的中庸節制特質加以解釋，亦可如本書從塔克對神恩的理解來切入，則會明白他認為一切都是上帝對人類的計畫，由於人類世界的複雜多變而使得許多目標必須循序漸進完成，若是貿然採取大幅度的改動，結果將為眾人所不樂見。例如在政治上，塔克主張「愛與慈善、以及相互寬容的福音教誨」便是強調人對其他人的責任，展現新教的真正精神，不僅可以促進上帝所喜的恪遵道德的政府，也是在支撐大不列顛人的憲政自由；[3]塔克主張大不列顛人就此「深深奠定了自由與憲政的原則，展現出公民的愛國主義以及作為人類的仁慈，以及對於其他人類的友善。」[4]

在自由經濟、宗教寬容這些主張背後，塔克的思想核心是大不列顛「國家利益至上」的思想，不過同時基督教信仰中的普世之愛又讓他對國家利益的追求不至於陷入零和遊戲，而是敦促作為先進國家的大不列顛除了自身獲利，亦要給予其他國家發展的機會。塔克因此反對為了擴展商業而與其他國家戰爭，他認為戰爭的本質與貿易成果是恰恰相反的；這種為了貿易而進行的戰爭，若是任由其持續蔓延，塔克擔憂將造成大不列顛陷入無政府狀態。他因此指出：「沒有任何理由可以要求一個國家為了貿易打仗，因為這將迫使所有國家、城市、鄉村，甚至是每一間店家，都為了同樣的目的而陷入內戰與內鬨。」[5]

回顧塔克一生所關注的主題：鼓吹商業的正面效應、廢除奴隸制度、宗教寬容、支持不列顛放棄殖民地、支持猶太人的合法歸化權、反對壟斷貿易……，凡此種種，都可看出塔克積極探究現實世界的議題，並且向公眾傳佈啟蒙思想。因此他無疑是啟蒙運動中的一份子。誠如學者所言，「我們應該試著不以啟蒙一詞來完整描繪一個複雜的歷史現象，反而，應將它視為一個濃縮許多意涵的詞，當中包含了無數的辯論、矛盾與緊張性；哲士們關心各種不同的議題，並且回應彼此……這正好呈現出在十八世紀，觀念、意見以及社會政治結構之間彼此頻繁的互動關係。」[6]

在商業與貿易的辯論中，塔克參與了當時關於國際貿易的增長如何影響富國與窮國的辯論，一般也稱其為「窮國富國辯論」（the rich country-poor country debate）。此辯論中的一個難題是，國際貿易是否會導致本來較為富有的國家變得更富有，並且造成窮國更加貧困；又或者是窮國在國際貿易中的競爭會急起直追，並阻止富國的成長。主張後者的人主要是根據工資差異論證，他們認為在自由貿易體制下，工資較低的窮國可能搶走富裕的高工資國家的生意，瓜分侵佔其貿易和手工業發展。當時有名的作家休謨也參與了這場辯論，他認為富裕國家擁有優越的技術和工業，以及更大的庫存量，因此，富裕國家可以透過更低的價格生產。然而，在正常情況下，貿易和工業將逐漸從高工資國家轉移到低工資國家，以保持其利潤。一旦較貧窮國家的工資水平提高至類似的高水平，最終產業、勞工的移動又會再次洗牌。休謨的結論是，高成本的不利因素最終會使較貧窮國家在國際市場上以低於較富裕國家的價格出售產品，從而減少富裕國家的貿易量。不過塔克則是提出不同看法，他認為富裕國家的優勢如此之大，以至於它們無需擔心貧窮的競爭對手。我們雖沒有理由認為窮國會永遠貧窮下去，但也沒有理由認為富國不能永遠保持領先地位。

關於這個辯論已有許多學者加以探討（例如已逝的著名學者伊斯萬・洪特），在此值得讓讀者們繼續探索的一點是：塔克的宗教思想在這場辯論中的體現。塔克認為富國不可能因為高勞動力成本就被窮國搶走全部的生意，這是因為他不相信「構成萬物秩序的神意，有可能違背一個國家的生存與普遍利他的基本原則。」[7]塔克的神學觀點認為，一個全能全知公正仁慈的上帝不可能給人類帶來這種矛盾的兩難，在神恩的計畫中，一個國家努力追求普遍利他，則必然會在經濟利益上獲得回報。然而，作為懷疑論者的休謨雖然願意承認一個富國和商業國家比起窮國有許多經濟優勢，但是休謨仍然質疑富國的貿易是否真的能夠無限擴張，他推斷昂貴的糧食與勞動力勢必會影響富國的發展。休謨認為不該堅持某些富國應該始終是贏家，畢竟正如所有的自然和人造物的增長都會有停止的一天，偉大商業帝國的擴張也將被遏制。不過塔克給休謨的回覆中依然主張，一個勤奮的民族永遠不會因為一個貧窮國家的增長而受到傷害。因為「這是天意的明智安排。」[8]對此主題有興趣的讀者，可參見勞倫斯・迪奇（Laurence Dickey）與洪特的研究。[9]

另一方面，外國新教徒的歸化問題也是當時大不列顛重要的政治、經濟、宗教議題。例如十八世紀中葉重要的政治經濟學家詹姆斯・史都華（James Steuart, 1712-1780）對此也有探討。史都華與塔克都相信上帝的普遍慈愛，也認同人應對他人懷抱著睦鄰、利他的關懷。史都華追求政治經濟學上的深入理解，是希望讓自己與讀者盡最大的努力成為世界公民。不過，在歸化問題上，塔克認為這可以讓外國商人在大不列顛定居，帶來並且創造財富，因此他抱持贊成的態度；而史都華則覺得這是不成熟的冒險，他並援引神意反駁塔克。史都華認為，要讓帶著不同風俗習慣的外國人歸化到一個新國家極為困難，然而關鍵的是所有國家若要完全領受神恩，就必須在公共事務上有統一的意見，因此接受歸化移民反而會減少一個國家所得到的上帝祝福。[10]兩人雖然都視人口數量與一國的國力成正比，但塔克因此贊成鼓勵歸化的新法案；史都華則反對，主張從其他方式增加大不列顛的人口。

至於當時普遍討論的奴隸制度，塔克則持反對立場，這也表現在他對於古代希臘歷史的詮釋上。塔克不像盧梭或佛格森那樣將原始或古代的社會理想化，他認為古代斯巴達城邦比起現代並非更自由，反而是缺乏自由；再加上反戰的塔克一直希望大不列顛減少戰事，將資源投注於商業貿易，這也使得他對於斯巴達甚至雅典城邦沒有好感，因為他們對待奴僕階層的方式，比起十八世紀西印度群島的種植園主對待黑奴更糟糕殘忍。這也是其他同時代人所關注的問題，例如同樣支持大不列顛放棄北美殖民地的普里斯特利，也批評斯巴達的價值無法適用於現代，不過他對於雅典的評價則比塔克高出不少，因為他希望援引雅典的歷史來推動大不列顛的政治改革。[11]值得一提的是，普里斯特利是不服從國教會的新教徒，對於三位一體說或是主教制度與塔克抱持截然不同的看法，不過從上可見，兩人在其他議題上卻有著細膩複雜的交錯關係。

斯巴達這個在十八世紀作家辯論中經常使用的典故，也出現在史都華思考奢侈品如何影響國家的討論中。塔克從道德上批評奢侈品，他認為當時社會上不道德的性行為與奢侈品有著密不可分的關係。史都華則是企圖將奢侈品與道德評價脫鉤，他宣稱奢侈品與一個國家人口的成長與否有著必要的聯繫。一個國家婦人對於精緻產品有愈高的品味，那麼便會有愈多的勞動人口受到雇用，也因此讓這個國家能夠支持更多人口的生存。[12]他並且指出像是在古代的斯巴達共和國，就算物質生活極為拮据節儉，但是他們心中的虛榮心與驕傲心一樣可能使他們在感官情感上極為放縱，而這種放縱對於史都華而言，是比錦衣華食這種物質上的奢侈品更足以傷害國家利益。

回到塔克的時代，大不列顛面臨了歷史性的考驗：美國獨立戰爭。當時關於帝國的矛盾情緒高漲，塔克認為大不列顛國內的激進份子如普萊斯等，試圖透過聲援北美殖民地秘密地引入共和主義，威脅原有的憲政體制。塔克聲稱北美殖民地對大不列顛已具高度危險性，因其不同的政治見解和共和原則已蔓延並威脅到母國的政治穩定；此外，北美殖民地在當時也已成為大不列顛製造業與商業的競爭對手，對於母國不再是正面的幫助；而且北美殖民地的清教徒在他看來會是引致母國英格蘭國教會敗亡之毒素。然而，有趣的是，普萊斯這些同情北美洲的人也認為，帝國是種可能引致腐敗的力量。像是普萊斯批評大不列顛在印度的帝國統治極為專制，他警告讀者，大不列顛人在那裡的掠奪與殘暴，已經使當地人口銳減，並且以臭名昭著的貪婪與壓迫毀滅了數百萬無辜的人口。普萊斯擔憂上帝的懲罰即將降臨，因此呼籲大不列顛應該儘快縮減在印度的帝國版圖。[13]可以說，塔克與普萊斯對於北美殖民地獨立乃至於大英帝國整體發展方向的思考，都是以大不列顛的國家利益為出發點來考量。兩人政治和宗教思想上的差異，使他們的意見時而針鋒相對，時而卻又殊途同歸，在不同前提下推導出大英帝國應停止在海外擴張版圖的相同結論。

探究塔克與柏克、普萊斯、休謨、普里斯特利、史都華等人的對話，以及當時思想圈的作家們對於大不列顛是否應該保留北美殖民地的辯論，萬象紛呈，恰恰呼應了本書寫作的初衷：以塔克作為進入十八世紀中葉大不列顛的引路人，透過他的思想，我們得以更立體地認識那個時代的樣貌，並且體認到許多文人作家的思考深度與廣度實非一些如「自由主義」、「重商主義」等等後來加上的標籤所能夠說明的。希望讀者閱畢本書後也能繼續深入探尋其他十八世紀文人細緻而深刻的思想世界，或許您會在一些辯論或是書信當中與本書的主角塔克先生不期而遇。

本章註

1 Josiah Tucker, *The Causes of the Dearness of Provisions Assigned: With Effectual Methods for Reducing the Prices of Them. Humbly Submitted to the Consideration of Parliament* (Glocester: printed by R. Raikes for the author: and sold by J. Dodsley and J. Millan, in London, 1766), pp. 3-4.

2 Norman Hampson著，李豐斌譯，《啟蒙運動》，頁一百。

3 Josiah Tucker, *Reflections on the Expediency of a Law for the Naturalization of Foreign Protestants* (T. Trye, 1751), p. x.

4 Josiah Tucker, *A Sermon Preached in the Parish-Church of Christ-Church, London, on Wednesday May the 7th, 1766* (London: printed by J. and W. Oliver, 1766), p. 25.

5 Josiah Tucker, *The Case of Going to War*, p. 34.

6 Dorrinda Outram, *Enlightenment*, p. 12.

7 Josiah Tucker, *Four Tracts: On Political and Commercial Subjects*, electronic resource, 2nd ed. (Glocester: printed by R. Raikes, 1774), p. 20.

8 Josiah Tucker, *Four Tracts: On Political and Commercial Subjects*, electronic resource, 2nd ed. (Glocester: printed by R. Raikes, 1774), p. 43.

9 Laurence Dickey, "Doux-Commerce and Humanitarian Values: Free Trade, Sociability and Universal Benevolence in Eighteenth-Century Thinking," *Grotiana* 22, no. 1 (January 2001): 271–317; Istvan Hont, "The 'Rich Country-Poor Country' Debate Revisited: The Irish Origins and French Reception of the Hume Paradox," in *David Hume's Political Economy*. Ed. Margaret, Schabas; Carl, Wennerlind, (London: Routledge, 2008), 243–322.

10 Sir James Steuart, *An Inquiry into the Principles of Political Economy* (1767), in *The Works, Political, Metaphysical, and Chronological, of the Late Sir James Steuart of Coltness, Bart*, vol. 1, 6 vols. (T. Cadell and W. Davies, Strand, 1805), p. 106.

11 有興趣的讀者可參閱 Elizabeth Rawson, *The Spartan Tradition in European Thought* (Oxford: Clarendon Press, 1991).

12 Sir James Steuart, *An Inquiry into the Principles of Political Economy* (1767), p. 44.

13 Richard Price, *Observations on the Nature of Civil Liberty: The Principles of Government, and the Justice and Policy of the War with America. To Which Is Added, an Appendix, Containing a State of the Natinal Debt,* 6th ed. (London: J. Exshaw, S. Price, 1776), p. 39.

參考文獻

一、西文史料

The Annual Register 1799,1801. London: 1799, 1801.

The Gentleman's Magazine, 52. London: 1782.

Burke, Edmund. *The Works of the Right Honorable Edmund Burke*, 9 vols Boston: C. C. Little & J. Brown:, 1839.

Burke, Edmund. *The Works of the Right Honorable Edmund Burke, 12 vols*, London: George Bell and Sons, 1854-1889.

Burke, Edmund. *The Writings and Speeches of Edmund Burke*, eds. Warren M. Elofson and John A. Woods Oxford: Clarendon Press, 1981.

Locke, John. *A Letter Concerning Toleration*, Huddersfield: J. Brook, 1796 [1689].

Locke John, *A Letter Concerning Toleration*, ed. Patrick Romanell (Indianapolis: Bobbs-Merrill, 1955[1689]).

Price, Richard. *Four Dissertations*, London: T. Cadell, 1777.

Price, Richard. *Observations on the Nature of Civil Liberty: The Principles of Government, and the Justice and Policy of the War with America. To Which Is Added, an Appendix, Containing a State of the Natinal Debt.* 6th ed. London: J. Exshaw, S. Price, 1776.

Stern, Jeffery ed., *The Collected Works of Josiah Tucker*, 6 vols. London: Routledge-Thoemmes Press, 1993.

Steuart, Sir James. "An Inquiry into the Principles of Political Economy (1767)." In *The Works, Political, Metaphysical, and Chronological, of the Late Sir James Steuart of Coltness, Bart*. Vol. 1. T. Cadell and W. Davies, Strand, 1805.

Tucker, Josiah. *An Apology for the Present Church of England as by Law Established, Occasioned by a Petition Laid before Parliament, for Abolishing Subscription*, 2nd edn, Glocester: R. Raikes, 1772.

Tucker, Josiah. *A Brief and Dispassionate View of the Difficulties Attending the Trinitarian, Arian, and Socinian Systems*, Glocester: R. Raikes, 1774.

Tucker, Josiah *A Brief Essay on the Advantages and Disadvantages, which Respectively Attend France and Great Britain: with Regard to Trade. With Some Proposals for Removing the Principal Disadvantages of Great Britain. In a New and Concise Method*, London: T.Trye, 1749.

Tucker, Josiah. *A Calm Address to All Parties in Religion Whether Protestant or Catholick, on the Score of the Present Rebellion: Being a Brief and Dispassionate Inquiry, Whether the Reign of the Pretender Would be Advantageous to the Civil Interest and Commerce of Great Britain*, London: J. Oliver, 1745.

Tucker, Josiah. *A Letter to Edmund Burke, Esq., Member of Parliament for the City of Bristol, and Agent for the Colony of New York, &C in Answer to His Printed Speech, Said to Be Spoken in the House of Commons on the Twenty-Second of March, 1775*, Glocester: R. Raikes, 1775.

Tucker, Josiah. *A Letter to a Friend Concerning Naturalizations*, London: T. Trye, 1753.

Tucker, Josiah. *A Second Letter to a Friend Concerning Naturalizations*, London: T. Trye, 1753.

Tucker, Josiah. *A Series of Answers to Certain Popular Objections, against Separating from the Rebellious Colonies, and Discarding Them Entirely: Being the Concluding Tract of the Dean of Glocester, on the Subject of American Affairs*, Glocester: R. Raikes, 1776.

Tucker, Josiah. *A Sermon Preached in the Parish-Church of Christ-Church, London, on Wednesday May the 7th, 1766*, London: J. and W. Oliver, 1766.

Tucker, Josiah. *A Treatise Concerning Civil Government*, London: T. Cadell, 1781.

Tucker, Josiah. *Cui bono?, or, An Inquiry, What Benefits Can Arise Either to the English or the Americans, the French, Spaniards, or Dutch, from the Greatest Victories, or Successes, in the Present War?*, Glocester: R. Raikes, 1782.

Tucker, Josiah. *Dispassionate Thoughts on the American War: Addressed to the Moderate of All Parties*, London: J. Wilkie, 1780.

Tucker, Josiah. *Four Tracts: Together with Two Sermons, on Political and Commercial Subjects*, Glocester: R. Raikes, 1774.

Tucker, Josiah. *Instructions for Travelers*, Dublin: William Watson, 1758.

Tucker, Josiah. *The Elements of Commerce and Theory of Taxes* (1755) in Robert Livingston Schuyler ed., *Josiah Tucker: A Selection from his Economic and Political Writings*, New York: Columbia University Press, 1931.

Tucker, Josiah. *Letters to the Rev. Dr. Kippis, Occasioned by His Treatise, Entitled A Vindication of the Protestant Dissenting Ministers, with Regard to Their Late Application to Parliament*, Glocester: R. Raikes, 1773.

Tucker, Josiah, *Reflections on the Expediency of a Law for the Naturalization part I*, London: T.Tyre, 1751.

Tucker, Josiah, *Reflections on the Expediency of a Law for the Naturalization of Foreign Protestants Part II*, London: T. Trye, 1752.

Tucker, Josiah. *Reflections on the Expediency of Opening the Trade to Turkey: Humbly Offered to Public Consideration*, 2nd edn, London: T. Trye, 1755.

Tucker, Josiah. *Reflections on the Present Matters in Dispute between Great Britain and Ireland*, London: T. Cadell, 1785.

Tucker, Josiah, *The Case of Going to War: For the Sake of Procuring, Enlarging, Or Securing of Trade*, London: R. and J. Dodsley, 1763.

Tucker, Josiah. *Seventeen Sermons on Some of the Most Important Points on Natural and Revealed Religion, respecting the Happiness Both of the Present, and of a Future Life: Together with an Appendix, Containing a Brief and Dispassionate View of the Several Difficulties Respectively Attending the Orthodox, Arian, and Socinian Systems in Regard to the Holy Trinity*, Glocester: R. Raikes, 1776.

Tucker, Josiah. *Six Sermons on Important Subjects*, Bristol: S. Farley, 1772.

Tucker, Josiah. *Tract V. The Respective Pleas and Arguments of the Mother Country, and of the Colonies, Distinctly Set Forth*, Glocester: R. Raikes, 1775.

Tucker, Josiah. *Two Dissertations on Certain Passages of Holy Scripture*, London: T. Trye 1749.

Tytler, Alexander F.. *Memoirs of the Life and Writings of the Honourable Henry Home of Kames*, 3 vols, Edinburgh: William Creech, 1809.

Warburton, William. *The Alliance between Church and State*, London: Fletcher Gyles, 1736.

二、西文專書

Bennett, G. V. and Walsh, J. D. eds. *Essays in Modern English Church History: in Memory of Norman Sykes*, London: Black, 1966.

Bradley, James. *Religion, Revolution and English Radicalism: Nonconformity in Eighteenth-Century Politics and Society*, Cambridge: Cambridge University Press, 1990.

Brown, Stuart ed., *British Philosophy and the Age of Enlightenment*, New York: Routledge, 1996.

Cassirer, Ernst. *The Philosophy of the Enlightenment*, Boston: Beacon Press, 1951.

Champion, J. A. I.. *The Pillars of Priestcraft Shaken: The Church of England and Its Enemies, 1660–1730*, Cambridge: Cambridge University Press, 1992.

Clark, J. C. D.. *English Society 1688-1832: Ideology, Social Structure and Political Practice During the Ancien Regime*, Cambridge: Cambridge University Press, 1985.

Clark, J.C.D.. *Revolution and Rebellion: State and Society in England in the Seventeenth and Eighteenth Centuries*, Cambridge: Cambridge University Press, 1986.

Clark, Walter E.. *Josiah Tucker, Economist: a Study in the History of Economics*, New York: Columbia University Press, 1903.

Colley, Linda. *Britons: Forging the Nation 1707-1837*, New Haven: Yale University Press, 1992.

Colley, Linda. *In Defiance of Oligarchy: the Tory Party, 1714-60*, Cambridge: Cambridge University Press, 1992.

Crowley, John. *The Privileges of Independence: Neomercantilism and the American Revolution*, Baltimore: Johns Hopkins University Press, 1993.

De Vries, Jan. *The Economy of Europe in an Age of Crisis, 1600-1750*, Cambridge: Cambridge University Press, 1976.

Dickinson, H. T.. *The Politics of the People in Eighteenth-Century Britain*, New York: St. Martin's Press, 1994.

Dickinson, H. T.. *Liberty and Property: Political Ideology in Eighteenth-Century Britain*, London: Methuen, 1977.

Force, Pierre. *Self-Interest Before Adam Smith: A Genealogy of Economic Science*, Cambridge: Cambridge University Press, 2003.

Gascoigne, John. *Joseph Banks and the English Enlightenment: Useful Knowledge and Polite Culture*, Cambridge: Cambridge University Press, 1994.

Gay, Peter. *The Enlightenment: An Interpretation*, vol. 1, *The Rise of Modern Paganism*. London: W.W. Norton, 1969.

Gibson, William. *The Achievement of the Anglican Church, 1689-1800: The Confessional State in Eighteenth- Century England*, New York: Edwin Mellen Press, 1995.

Gibson, William. *The Church of England 1688–1832: Unity and Accord*, London: Routledge, 2001.

Gibson, William. *Enlightenment Prelate: Benjamin Hoadly, 1676-1761,* Cambridge: James Clarke & Company, 2004.

Gough, J. W. *The Social Contract*. Oxford: Clarendon Press, 1957.

Green, Ian. *Print and Protestantism in Early Modern England*, Oxford: Oxford University Press, 2000.

Gregory, Jeremy and Chamberlain, Jeffrey eds. *The National Church in Local Perspective: The Church of England and the Regions, 1660-1800*, Woodbridge: Boydell Press, 2003.

Haakonssen, Knud ed. *Enlightenment and Religion: Rational Dissent in Eighteenth-Century Britain,* Cambridge: Cambridge University Press, 2006.

Harris, Bob. *Politics and the Nation: Britain in the Mid-Eighteenth Century*, Oxford: Oxford University Press, 2002.

Harrison, Peter. *'Religion' and the Religions in the English Enlightenment*, Cambridge: Cambridge University Press, 1990.

Hazard, Paul. *The European Mind, 1680-1715*, New Haven: Yale University Press, 1952.

Hempton, David. *Methodism: Empire of the Spirit*, New Haven: Yale University Press, 2005.

Hengstmengel, Joost. *Divine Providence in Early Modern Economic Thought*. New York: Routledge, 2019.

Himmelfarb, Gertrude. *The Roads to Modernity: The British, French, and American Enlightenments*, New York: Knopf, 2004.

Hole, Robert. *Pulpits, Politics and Public Order in England, 1760-1832*, Cambridge: Cambridge University Press, 2004.

Hundert, E. J.. *The Enlightenment's Fable*, Cambridge: Cambridge University Press, 1994.

Hutchison, Terence. *Before Adam Smith: the Emergence of Political Economy, 1662-1776*, Oxford: Blackwell, 1988.

Ingram, Robert. *Religion, Reform and Modernity in the Eighteenth Century: Thomas Secker and the Church of England*, Woodbridge:

Boydell Press, 2007.

Israel, Jonathan. *A Revolution of the Mind: Radical Enlightenment and the Intellectual Origins of Modern Democracy*, Princeton: Princeton University Press, 2010.

Jacob, Margaret. *The Radical Enlightenment: Pantheists, Freemasons, and Republicans*, Lafayette, LA: Cornerstone Book, 2006.

Jago, Judith. *Aspects of the Georgian Church: Visitation Studies of the Diocese of York, 1761-1776*, Cranberry: Associated University Presses, 1996.

Karp, Jonathan, *The Politics of Jewish Commerce Economic Thought and Emancipation in Europe, 1638–1848*, Cambridge: Cambridge University Press, 2008.

Koehn, Nancy F.. *The Power of Commerce: Economy and Governance in the First British Empire*, Ithaca: Cornell University Press, 1994.

Kromkowski, Charles. *Recreating the American Republic: Rules of Apportionment, Constitutional Change, and American Political Development, 1700-1870*, Cambridge: Cambridge University Press, 2002.

Langford, Paul. *A Polite and Commercial People: England 1727-1783*, Oxford: Oxford University Press, 1989.

Lock, F. P.. *Edmund Burke: Vol. 1, 1730-84*, Oxford: Oxford University Press, 1998.

Marshall, P. J.. *The Making and Unmaking of Empires: Britain, India, and America, c.1750-1783*, Oxford: Oxford University Press, 2005.

May, Henry. *The Enlightenment in America*, New York: Oxford University Press, 1976.

Miller, Peter N.. *Defining the Common Good: Empire, Religion and Philosophy in Eighteenth-Century Britain*, Cambridge: Cambridge University Press, 1994.

Mises, Ludwig von. *Human Action: A Treatise on Economics*, New Haven: Yale University Press, 1949.

Nockles, Peter. *The Oxford Movement in Context: Anglican High Churchmanship, 1750-1857*, Cambridge: Cambridge University Press, 1994.

Outram, Dorrinda. *Enlightenment*, Cambridge: Cambridge University Press, 1995.

Page, Anthony. *John Jebb and the Enlightenment Origins of British Radicalism*, Westport, Conn.: Praeger, 2003.

Pitts, Jennifer. *A Turn to Empire: The Rise of Imperial Liberalism in Britain and France*, Princeton: Princeton University Press, 2005.

Pocock, J.G.A.. *Barbarism and Religion: The Enlightenments of Edward Gibbon, 1737-1764*, Cambridge: Cambridge University Press, 1999.

Pocock, J.G.A., Schochet, Gordon and Schwoeror, Lois eds., *The Varieties of British Political Thought, 1500-1800*, Cambridge: Cambridge University Press, 1996.

Pocock, J. G. A.. *Virtue, Commerce, and History: Essays on Political Thought and History, Chiefly in the Eighteenth Century*, Cambridge: Cambridge University Press, 1985.

Porter, Roy. *Enlightenment: Britain and the Creation of the Modern World*, London: Penguin, 2000.

Porter, Roy and Mikulas Teich eds. *The Enlightenment in National Context*, Cambridge: Cambridge University Press, 1981.

Rawson, Elizabeth. *The Spartan Tradition in European Thought*. Oxford: Clarendon Press, 1991.

Robertson John. *The Case for the Enlightenment: Scotland and Naples, 1680-1760*, Cambridge: Cambridge University Press, 2005.

Rothbard, Murray N.. *Economic Thought before Adam Smith: An Austrian Perspective on the History of Economic Thought* 2 vols., Auburn: Ludwig von Mises Institute, 2006.

Schuyler, Robert Livingston ed., *Josiah Tucker: a Selection from His Economic and Political Writings*, New York: Columbia University Press, 1931.

Semmel, Bernard. *The Liberal Ideals and the Demons of Empire*, Baltimore: Johns Hopkins University Press, 1993.

Semmel, Bernard. *The Rise of Free Trade Imperialism: Classical Political Economy the Empire of Free Trade and Imperialism 1750-1850*, Cambridge: Cambridge University Press, 1970.

Shaw, Jane. *Miracles in Enlightenment England*, New Haven: Yale University Press, 2006.

Shelton, George. *Dean Tucker and Eighteenth Century Economic and Political Thought*, London: Macmillan Press, 1981.

Sher, Richard. *Church and university in the Scottish Enlightenment: the Moderate Literati of Edinburgh*, Princeton: Princeton University Press, 1985.

Simms, Brendan. *Three Victories and a Defeat: The Rise and Fall of the First British Empire*. New York: Basic Books, 2008.

Sorkin, David. *The Religious Enlightenment: Protestants, Jews, and Catholics from London to Vienna*, Princeton: Princeton University Press, 2008.

Spector, Celine. *Montesquieu et l'émergence de l'économie Politique*. Paris: Honoré Champion, 2006.

Stephen, Leslie. *History of English Thought in the Eighteenth Century*, 2 vols, New York: Harbinger, 1962.

Sykes, Norman. *Church and State in England in the XVIIIth Century*, Cambridge: Cambridge University Press, 1934.

Venturi, Franco. *Utopia and Reform in the Enlightenment*, London: Cambridge University Press, 1971.

Walsh, John, Haydon, Colin and Taylor, Stephen eds. *The Church of England, c.1689-c.1833: From Toleration to Tractarianism*, Cambridge: Cambridge University Press, 1993.

Wasson, Ellis. *A History of Modern Britain*, Chichester: Wiley-Blackwell, 2010.

Winch, Donald. *Riches and Poverty: An Intellectual History of Political Economy in Britain, 1750-1834* Cambridge: Cambridge University Press, 1996.

Wood, Gordon. *The American Revolution: A History*, New York: Random House, 2003.

Young, B. W.. *Religion and Enlightenment in Eighteenth Century England*, Oxford: Oxford University Press, 1998.

Yolton, Roy W. ed., *The Blackwell Companion to the Enlightenment*, Oxford: Blackwell, 1991.

三、西文期刊論文

Aston, Nigel. "Horne and Heterodoxy: the Defence of Anglican Beliefs in the Late Enlightenment." *English Historical Review* 108 (1993), pp. 895-919.

Black, Jeremy. "Confessional State or Elect Nation? Religion and Identity in Eighteenth-Century England." In Tony Claydon and Ian McBride eds., *Protestantism and National Identity: Britain and Ireland, c.1650-c.1850,* Cambridge: Cambridge University Press, 1998, pp. 53-74.

Clark, J.C.D.. "England's Ancien Régime as a Confessional State." *Albion* 21:3 (1989), pp. 450-474.

Coats, A.W.. "Adam Smith and the Mercantile System." In Andrew S. Skinner and Thomas Wilson eds., *Essays on Adam Smith*. Oxford: Clarendon Press, 1978, pp. 219-236.

Dickey, Laurence W.. "Doux-Commerce and Humanitarian Values: Free Trade, Sociability and Universal Benevolence in Eighteenth-Century Thinking." in H. W. Blom and L. C. Winkel eds., *Grotius and the Stoa* (Assen: Royal Van Gorcum, 2004, pp. 271-318.

Dickinson. H.T.. "The Eighteenth-Century Debate on the Glorious Revolution." *History* 61 (1976), pp. 28-45.

Ford, Paul L.. "Appendix II: Josiah Tucker and His Writings: An Eighteenth Century Pamphleteer on America." *Journal of Political Economy* 2:2 (1894), pp. 330-347.

Gibson, William. "Altitudinarian Equivocation: George Smalridge's Churchmanship." In William Gibson and Robert Ingram eds., *Religious Identities in Britain, 1660-1832*, pp. 43-59.

Gould, Eliga. "A Virtual Nation: Greater Britain and the Imperial Legacy of the American Revolution." *The American Historical Review* 104: 2（1999）, pp. 476-489.

Gregory, Jeremy. "Christianity and Culture: Religion, the Arts and the Sciences in England, 1660-1800." In Jeremy Black ed., *Culture and Society in Britain, 1660-1832* (Manchester: Manchester University Press, 1997), pp. 102-123.

Hampsher-Monk, Iain. "British Radicalism and the Anti-Jacobins." In Mark Goldie and Robert Wokler eds., *The Cambridge History of Eighteenth-Century Political Thought*, Cambridge: Cambridge University Press, 2006, pp. 660-687.

Hempton, David. "Religion in British Society 1740-1790." In Jeremy Black ed., *British Politics and Society from Walpole to Pitt 1742-1789*, London: Macmillan, 1990, pp. 201-264.

Hoppit, Julian. "The Contexts and Contours of British Economic Literature, 1660-1760." *The Historical Journal* 49 (2006), pp. 79-110.

Howe, Anthony. "Resorting Free Trade: The British Experience, 1776-1873." In Donald Winch and Patrick O'Brien eds., *The Political Economy of British Historical Experience, 1688-1914*, Oxford: Oxford University Press, 2002, pp. 193-213.

Ihalainen, Pasi. "The Enlightenment Sermon: Towards Practical Religion and a Sacred National Community." In Joris Van Eijnatten ed., *Preaching, Sermon and Cultural Change in the Long Eighteenth Century*, Leiden: Brill, 2009, pp. 219-260.

McNaughton, David. "British Moralists of the Eighteenth Century: Shaftesbury, Butler, and Price." In Stuart Brown ed., *British Philosophy and the Age of Enlightenment*, Volume V of the Routledge History of Philosophy, New York: Routledge, 1996, pp. 203-227.

Palmer, R. R.. "Turgot: Paragon of the Continental Enlightenment." *Journal of Law and Economics* 19 (1976), pp. 607-619.

Plumb, J. H.. "Reason and Unreason in the Eighteenth Century: the English Experience." In J. H. Plumb, *In the Light of History*, Boston: Houghton Mifflin, 1972, pp. 3-24.

Pocock, J. G. A.. "Clergy and Commerce: the Conservative Enlightenment in England." In Raffaele Ajello et al. eds., *L'Eta dei Lumi: studi slorici sul settecento europeo in onore di Franco Venturi*, Napoli: Jovene Editore, 1985, vol. 1, pp. 523-562.

Pocock, J. G. A.. "Conservative Enlightenment and Democratic Revolutions: The American and French Cases in British Perspective." *Government and Opposition* 24:1 (1989), pp. 81-105.

Pocock, J.G.A.. "Introduction." In Edmund Burke, *Reflection on the Revolution in France*, ed. J.G.A. Pocock, Indianapolis: Hackett, 1987, pp.vii-lvi.

Pocock, J.G.A.. "Post-Puritan England and the Problem of the Enlightenment." In Pérez Zagorín ed., *Culture and Politics from Puritanism to the Enlightenment* Berkeley: University of California Press, 1980, pp. 91-112.

Pocock, J.G.A.. "Religious Freedom and the Desacralization of Politics: From the English Civil Wars to the Virginia Statute." In Merrill Petersen and Robert Vaughan eds., *The Virginia Statute for Religious Freedom: Its Evolution and Consequences in American History*, Cambridge: Cambridge University Press, 2003, pp. 43-73.

Pocock, J.G.A.. "The Mobility of Property and the Rise of Eighteenth-Century Sociology." In Anthony Parel and Thomas Flanagan eds., *Theories of Property: Aristotle to the Present*, Ontario: Wilfrid Laurier University Press, 1979, pp. 144-166.

Pocock, J. G. A.. "Within the Margins: The Definitions of Orthodoxy." in Roger Lund ed., *The Margins of Orthodoxy: Heterodox Writing and Cultural Response, 1660-1750*, Cambridge: Cambridge University Press, 1995, pp. 33-53.

Porter, Roy. "The Enlightenment in England." In Roy Porter & Mikulas Teich eds., *The Enlightenment in National Context*, Cambridge: Cambridge University Press, 1981, pp. 1-18.

Rashid, Salim. "'He Startled... As If He Saw a Spectre': Tucker's Proposal for American Independence." *Journal of the History of Ideas* 43:3 (1982), pp. 439-460.

Reinert, Sophus A. "Wars and Empires." In *A Companion to Intellectual History*, New York: John Wiley & Sons, Ltd, 2015, pp. 402-416.

Roberson, John. "The Enlightenment above National Context: Political Economy in Eighteenth-Century Scotland and Naples." *The Historical Journal* 40:3 (1997), pp. 667-697.

Roberson, John. "Universal Monarchy and the Liberties of Europe: David Hume's Critique of an English Whig Doctrine." In Nicholas Phillipson and Quentin Skinner eds., *Political Discourse in Early Modern Britain*, Cambridge: Cambridge University Press, 1993, pp. 349-373.

Rosenblatt, Helena "The Christian Enlightenment." in Timothy Tackett and Stewart Brown eds., *The Cambridge History of Christianity: Enlightenment, Revolution and Reawakening, 1660-1815*, Cambridge: Cambridge University Press, 2006, pp. 283-301.

Shaw, Jane. "The Long Eighteenth Century." in Ernest Nicholson ed., *A Century of Theological and Religious Studies in Britain, 1902-2002*, Oxford: Oxford University Press, 2003, pp. 215-236.

Stanton, Timothy, 'Locke and His Influence', in James A. Harris ed., *The Oxford Handbook of British Philosophy in the Eighteenth Century*, Oxford: Oxford University Press, 2013), pp. 21-40

Taylor, Stephen. "Sir Robert Walpole, the Church of England, and the Quakers Tithe Bill of 1736." *Historical Journal* 28:1 (1985), pp. 51-99.

Thomas, D. O.. "Introduction," In Richard Price, *Political Writings* ed. D. O. Thomas, Cambridge: Cambridge University Press, 1991, pp. vii-xxvii.

Tully, James. "Placing the 'Two Treatises.'" In Nicholas Phillipson and Quentin Skinner eds., *Political Discourse in Early Modern*

Britain, pp. 253-280.
Wiles, Richard C.. "Mercantilism and the Idea of Progress," *Eighteenth-Century Studies* 8 (1974), pp. 56-74.
Young, B.W.. "Christianity, Commerce and the Canon: Josiah Tucker and Richard Woodward on Political Economy." *History of European Ideas* 22: 5-6 (1996), pp. 385-400.
Young, B. W.. "Religion History and the Eighteenth-Century Historian." *Historical Journal* 43:3 (2000), pp. 849-868.
Zurbuchen, Simone. "Religion and Society." In Knud Haakonssen ed., *The Cambridge History of Eighteenth Century Philosophy*, Cambridge: Cambridge University Press 2006, vol. 2, pp. 719-813.

四、中文譯著與專書

Cassirer, Ernst著，李日章譯，《啟蒙運動的哲學》臺北：聯經，1984。
Gay, Peter著，劉森堯、梁永安合譯，《啟蒙運動：現代異教精神的崛起》，臺北：立緒，2006。
Gay, Peter著，劉森堯、梁永安合譯，《啟蒙運動：自由之科學》，臺北：立緒，2006。
Locke, John著，吳雲貴譯，《論宗教寬容》，北京：商務印書館，2009。
Montesquieu著，許明龍譯，《論法的精神》，北京：商務印書館，2009。
Smith, Adam著，謝宗林、李華夏合譯，《國富論》，臺北：先覺，2000。
Smith, Adam著，謝宗林譯，《國富論II》，臺北：先覺，2005。

五、中文期刊論文

Dickinson, H. T.著，王文霞譯，〈英國對美國獨立革命的反應〉，《歷史月刊》，二三六期，2007，臺北，頁85-97。

楊肅獻，〈英格蘭有啟蒙運動嗎？——歷史家論十八世紀的英國與啟蒙思想〉，《新史學》，九卷四期，1998，臺北，頁1-37。

楊肅獻，〈柏克思想與英格蘭啟蒙運動〉，《臺大歷史學報》四十二期，2008，臺北，頁107-171。

楊肅獻，〈啟蒙、改革與傳統：柏克的政治思維〉，收入蔣慶、王瑞昌、王天成等譯《自由與傳統——柏克政治論文選》，臺北：桂冠出版公司，2004，頁1-42。

趙林，〈英國自然神論的興衰〉（代序），約瑟夫・巴特勒著，聞駿譯，《自然宗教與啟示宗教之類比》，武漢：武漢大學出版社，2008。

圖片來源

書前約書亞・塔克肖像，*Josiah Tucker, D.D., 1712 - 1799. Dean of Gloucester*, Unknown, 1799, Creative Commons CC by NC, Scottish National Portrait Gallery(Credit line: Mrs A.G. Macqueen Ferguson Gift 1950), https://www.nationalgalleries.org/art-and-artists/104437/josiah-tucker-dd-1712-1799-dean-gloucester

塔克寫給卡德爾的親筆信，*Letter to [Thomas Cadell, London.]* Manuscripts and Archives Division, The New York Public Library. Retrieved from https://digitalcollections.nypl.org/items/bb4ebb8a-0c57-c85e-e040-e00a18063bc4

第一章

英格蘭銀行，*A view of the Bank of England, Threadneedle Street, London*, The Miriam and Ira D. Wallach Division of Art, Prints and Photographs: Print Collection, 1797, The New York Public Library. Retrieved from https://digitalcollections.nypl.org/items/510d47db-9292-a3d9-e040-e00a18064a99

休謨（及其著作《英格蘭史》的畫像），*David Hume*, Charles Turner Warren, 1804, Public domain, via Wikimedia Commons, https://pt.wikipedia.org/wiki/Ficheiro:David_Hume_LACMA_54.89.46.jpg

第二章

威廉・霍加斯的畫作《沉睡的教徒》，*The Sleeping Congregation*, William Hogarth, 1728, Public domain, via Wikimedia Commons, https://commons.wikimedia.org/wiki/File:William_Hogarth_-_The_Sleeping_Congregation_-_58.10_-_Minneapolis_Institute_of_Arts.jpg

普萊爾公園的詩人，艾倫與華伯頓，*Pope, Allen and Warburton at Prior Park,* E. Kilvert, 1839-1865, British Museum, Public domain, via Wikimedia Commons, https://commons.wikimedia.org/wiki/File:Pope,_Allen_%26_Warburon_(BM_1924,0308.276).jpg

詹姆斯黨人，*Jacobite broadside-Plagues of England or the Jacobites Folly,* 1715; 1745-1746, National Library of Scotland, Public domain, via Wikimedia Commons, https://commons.wikimedia.org/wiki/File:Jacobite_broadside_-_Plagues_of_England_or_the_Jacobites_Folly.jpg

第三章

大不列顛王國在北美大陸的領土地圖，*A new and exact map of the dominions of the King of Great Britain on ye continent of North America,* Lionel Pincus and Princess Firyal Map Division, 1731, The New York Public Library. Retrieved from https://digitalcollections.nypl.org/items/6231931b-4a17-dc8c-e040-e00a18061ef9

諷刺柏克對於法國大革命見解的漫畫，*Edmund Burke caricature,* Unknown author, 1790, Public domain, via Wikimedia Commons, https://commons.wikimedia.org/wiki/File:Edmund_Burke_caricature_1790.jpg

洛克維爾勳爵、亞當・斯密先生和布朗專員肖像，*Lord Rockville, Mr. Adam Smith & Commissioner Brown,* Print made by: John Kay, 1787, The Trustees of the British Museum, https://www.britishmuseum.org/collection/object/P_1935-0522-13-94

北美殖民地，*A South East View of the Great Town of Boston in New England in America,* John Carwitham, c.1763. Public domain, via Wikimedia Commons, https://commons.wikimedia.org/wiki/File:Boston_ca1765_byJohnCarwitham.png

第四章

廢除檢覈法，*Repeal of the Test Act,* James Sayers, Engraver, 1790, Public domain, via Wikimedia Commons, https://commons.wikimedia.org/wiki/File:Repeal_of_the_Test_Act_Sayers.jpg

普里斯特利，氧氣發現者，*Joseph Priestley, the discoverer of oxygen,* Ernest Board, 1791.7, CC BY 4.0, via Wikimedia Commons, https://creativecommons.org/licenses/by/4.0

讀歷史139　PC1020

基督宗教、自由貿易與美國獨立：
從塔克思想看英格蘭啓蒙

作　　者／陳建元
責任編輯／鄭伊庭
圖文排版／黃莉珊、楊家齊
封面設計／王嵩賀

發 行 人／宋政坤
法律顧問／毛國樑　律師
出版發行／秀威資訊科技股份有限公司
114台北市內湖區瑞光路76巷65號1樓
電話：+886-2-2796-3638　傳真：+886-2-2796-1377
http://www.showwe.com.tw
劃撥帳號／19563868　戶名：秀威資訊科技股份有限公司
讀者服務信箱：service@showwe.com.tw
展售門市／國家書店（松江門市）
104台北市中山區松江路209號1樓
電話：+886-2-2518-0207　傳真：+886-2-2518-0778
網路訂購／秀威網路書店：https://store.showwe.tw
國家網路書店：https://www.govbooks.com.tw

2021年10月　BOD一版
定價：300元

讀者回函卡

國家圖書館出版品預行編目

基督宗教、自由貿易與美國獨立：從塔克思想看英格蘭啟蒙 / 陳建元著. -- 一版. -- 臺北市：秀威資訊科技股份有限公司, 2021.10

面；　公分. -- (史地傳記類)(讀歷史)

BOD版

ISBN 978-986-326-969-4(平裝)

1.塔克(Tucker, Josiah, 1713-1799) 2.英國史
3.宗教哲學 4.經濟思想 5.政治思想

741.25　　　　　　　　　　　　　　　　110015077